100만 원으로 당장
비트코인을 사야 하는
25가지 이유

100만 원으로 당장
비트코인을 사야 하는
25가지 이유

고피디 ^{GoPD} 지음

레드스톤

일단, 만 원어치
비트코인을 삽시다!

우리 시대에 가장 매력적이고 강력한 자산인 비트코인을 접할 기회는 모두에게 열려 있습니다. 아직 많은 사람들이 비트코인을 이해하지 못하거나 높은 변동성에 두려움을 느낍니다. 이 책은 비트코인에 대한 이해를 돕고, 소액 투자라도 지금 시작해야 하는 이유를 25가지로 정리했습니다. '비트코인, 그게 뭔데?'부터 '그래, 어떻게 하면 돼?'까지를 최대한 성의를 다해 담았습니다. 여러분이 비트코인의 세계에 두려움 없이 첫 발을 내딛도록 돕겠습니다.

73,000배 상승! 개발 직전 강남땅이다.

비트코인 명언에 이런 것이 있습니다. "코인 세계의 하루는 현실 세계의 10년이다." 한발 빠른 투자가 엄청난 결과의 차이를 만들어낸다는 뜻이죠. 소액이라도 일단 시작하는 것이 중요합니다. 비트코인은 지난 10

년 동안 엄청난 성장을 이루었습니다. 2010년에는 피자 두 판을 사는 데 무려 10,000개의 비트코인이 필요했지만, 이제는 비트코인 1개로 피자 10,000장을 살 수 있을 정도의 자산으로 성장했죠. 비트코인이 처음 세상에 나와 2년 1개월이 지난 2011년 2월에서야 겨우 1달러에 도달했습니다. 그 뒤 2024년 4월 73,000달러까지 찍었으니... 13년 만에 무려 7만 3천 배 올랐다는 이야기죠. 이런 어마어마한 성장은 비트코인의 잠재력을 여실히 보여줍니다. 지금 비트코인은 1970년대 개발 직전의 강남땅과 같습니다.

비트코인, 만 원어치도 살 수 있다.

많은 사람들이 "1억짜리 비트코인, 너무 비싸서 내 형편으로는 도저히 못 사겠어."라고 말합니다. 하지만 비트코인의 가장 큰 매력 중 하나는 작은 단위로의 분할성입니다. 비트코인은 1 BTC 단위로만 거래되는 것이 아니라, 1억 분의 1, 즉 0.00000001 BTC로도 거래됩니다. 만 원어치도 비트코인을 구매할 수 있다는 뜻입니다.

소액이라도 직접 경험이 중요하다.

소액 투자라도 시작하면, 비트코인의 작동 원리와 시장 동향을 직접 경험할 수 있습니다. 비트코인을 구매하고 보유하는 과정에서, 여러분은 비트코인의 기술적 특성과 시장의 변동성을 체험하게 됩니다. 비트코인에 대한 이해를 높이고, 더 나아가 투자 전략을 세우는 데 큰 도움이 됩니다.

인플레를 이기는 비트코인.

비트코인은 인플레이션으로부터 자산을 보호하는 수단으로도 주목받고 있습니다. 중앙은행이 통화를 공급하는 현재의 금융 시스템에서는 인플레이션이 필연적으로 발생하죠. 그리고 그 피해는 자산에 따로 투자할 여력이 없는 서민들이 고스란히 떠안게 됩니다. 그러나 비트코인은 총 공급량이 2,100만 개로 딱 정해져 있어, 인플레이션의 위험을 피할 수 있습니다.

고급 지식과 분석이 필요 없고, 거래가 단순하다.

비트코인 투자는 주식이나 채권, 부동산 투자처럼 거래에 복잡한 분석이 필요 없습니다. 주식은 기업의 재무제표, 시장 동향, 경제 상황 등을 분석해야 하고, 부동산은 지역 경제, 개발 계획, 임대 수익 등을 고려해야 합니다. 그러나 비트코인은 단순히 가격 변동과 시장 수요에 따라 투자 결정을 내릴 수 있습니다. 투자 초보자나 투자 고수나 큰 차이가 없죠. 또,

주식이나 부동산 거래는 중개인 수수료, 법적 절차, 시장의 유동성 등을 고려해야 하지만, 비트코인은 거래소를 통해 간단히 사고팔 수 있습니다. 상품이 단순하고, 투자 과정이 단순하고, 거래가 단순하죠.

만 원어치라도 일단 비트코인을 사보세요. 그리고 이 책 6장에서 제시하는 투자의 4원칙을 따르세요. 지금 작은 시작이 미래의 나에게 큰 기회를 만들어줍니다. 비트코인의 세계에 첫 발을 내딛고, 가슴 뛰는 놀라운 가능성을 경험하세요. 이 책이 여러분 삶의 여정에 도움이 되기를 바라며, AI가 예측한 비트코인 미래 가치 확률을 참고삼아 덧붙입니다.

저자 고피디 올림

AI가 예측한 미래 비트코인 가격 확률

세계 전문가들의 예측을 참고하여, 비트코인이 향후 10년~15년 동안 가치가 어떻게 변할지 확률로 제시할게요. 현재 비트코인의 가격이 7만 달러라고 가정합니다.

앞으로 10년~15년 동안의 비트코인 가치 예측은 다음과 같이 요약할 수 있습니다.

1. 비트코인의 가치가 0이 될 확률 : 1%

비트코인의 생태계는 계속 성장하고 있으며, 전 세계적으로 수많은 투자자와 기업이 참여하고 있어 가치가 완전히 사라질 확률은 매우 낮다.

2 비트코인의 가치가 지금의 2~9배가 될 확률 : 35%

비트코인 투자자, 사용자가 계속 증가하고 있으며, 이를 통해 중기적으로 안정적인 성장이 예상된다.

3. 비트코인의 가치가 지금의 10배가 될 확률 : 40%

기관 투자자들의 참여와 더불어, 비트코인이 디지털 금으로서의 역할이 강화되면서 큰 폭의 성장이 기대된다.

4. 비트코인의 가치가 지금의 50배가 될 확률 : 15%

비트코인의 공급 제한성과 디지털 자산으로서의 신뢰성 강화로 인해, 장기적으로 폭발적인 성장이 가능하다.

5. 비트코인의 가치가 지금의 100배가 될 확률 : 8.9%

글로벌 경제 불안과 함께 비트코인이 안전자산으로서의 역할을 확고히 할 경우, 매우 높은 가치 상승도 가능하다.

6. 비트코인의 가치가 지금의 100~150배가 될 확률 : 0.1%

이는 극단적 시나리오로, 비트코인이 세계 경제의 주요 축으로 자리잡을 경우에 해당한다.

차례

2장

대체가 불가능한
21세기 최고의 발명품

3장

비트코인 1개는 결국
100억이 될 것이기 때문이다

4장

지금이 가장 싸고,
시장에 매물이 없기 때문이다

5장

공정하고 정의롭기 때문이다

6장

비트코인 투자, 어떻게 할 것인가

제1원칙. 여유자금으로 한다
제2원칙. 최소 자금으로 한다
제3원칙. 무조건, 10년 이상 장기 투자로 한다
제4원칙. 한푼 두푼 적립식으로 한다
Ⓑ 거래소 선택하기, 비트코인 매수하기

Ⓑ 비트상식 이것만은 꼭!

#1. 사토시 나카모토는 누구인가?
#2. 비트코인이란 무엇인가 - '비트코인 백서'
#3. SHA-256 해시 함수
#4. 이중지불
#5. 채굴의 원리
#6. 비트코인으로 인생을 바꾼 거장들
#7. 김치 프리미엄
#8. 사라진 비트코인 500만 개
#9. 현물 ETF는 무엇?
#10. 반감기(Halving)
#11. 블록체인, 마법의 기술
#12. 작업 증명 vs.지분 증명
#13. 지갑의 종류와 사용법

비트코인,
인류 역사상 가장 좋은
돈의 탄생

비트코인은 2009년 1월 3일 사토시 나카모토라는 정체불명의 개발자에 의해 처음으로 세상에 나온 디지털 화폐이다. 정부나 중앙은행의 통제를 받지 않으며, 블록체인 기술을 사용하여 보안 및 거래 기록을 유지한다. 비트코인은 탈중앙화, 익명성, 투명성, 접근성, 그리고 한정된 공급량의 희소성을 특징으로 한다. 세계적인 자산운용사 피델리티는 2023년 발표한 분석 보고서에서 비트코인은 금의 장점과 법정화폐의 장점을 모두 가지고 있다고 했다. 물리적 내구성과 가치의 지속성, 대체 가능성, 희소성에서는 금과 성질이 같다. 가치 저장 수단으로 매우 좋다. 분할 가능성과 이동성은 법정화폐와 유사한데, 사용과 이체가 쉽다는 의미다. 이런 특징들로 인해 비트코인은 세상에서 가장 좋은 돈으로 불린다. 금처럼 유구한 역사로 증명만 되지 않았을 뿐.

금과 비트코인, 법정화폐의 특장점 비교

	금	비트코인 ⓑ	법정화폐	
내구성	+	+	−	모든 화폐가 물리적 내구성은 가지고 있지만, 법정화폐는 시간이 지남에 따라 구매력의 내구성을 유지하지 못한다.
분할성	−	+	+	실물 금도 작은 조각으로 나눌 순 있겠지만, 비트코인은 1억 분의 1까지 나눌 수 있다.
대체 가능성	+	+	−	금과 비트코인은 대체 가능하지만, 법정화폐는 다른 법정화폐와 대체 가능하지 않다(예: 미국 달러는 캐나다 달러와 대체 가능하지 않다).
휴대성	−	+	+	금이 무게에 비해 높은 가치를 갖긴 하지만, 여전히 무겁고 휴대하기 불편하다.
검정 가능성	−	+	−	금과 법정화폐는 모두 위조된 적이 있으며, 금은 확인할 수 있지만 번거로운 검사를 통해서만 가능하다.
희소성	+	+		금은 희소한 편이다. 비트코인은 발행량이 정해져 있어 매우 희소하다. 법정화폐는 정부나 중앙은행 마음대로 무한정 발행할 수 있다.
역사성	+	−	−	금은 화폐로서 가장 오랜 역사를 가지고 있으며 구매력을 유지해왔고, 비트코인의 역사는 짧다. 법정화폐는 가치 저장성이 좋지 않다.

극도의 희소성,
총 2,100만 개

비트코인의 가장 큰 매력은 그 희소성이다. 비트코인은 총 발행량이 2,100만 개로 정해져 있어서 디지털 세계의 금과 같은 역할을 한다. 이는 비트코인을 인플레이션으로부터 보호하고, 장기적인 가치를 보존하는 데 핵심 요소로 작용한다. 비트코인 창시자 사토시 나카모토가 애초 설계할 때부터 이 제한을 설정하면서 비트코인은 희소성을 기반으로 한 강력한 가치 저장 수단이 되었다.

블록체인 기술은 모든 거래를 분산 원장에 기록하며, 전 세계의 모든 네트워크 참여자가 이를 확인할 수 있다. 이렇게 하여 거래의 투명성과 보안성이 보장된다. 2024년 6월 현재 약 1,970만 개의 비트코인이 채굴되었고, 이는 총 발행량 2,100만 개의 93.8%에 해당한다. 남은 130만 개는 앞으로 116년에 걸쳐 아주 천천히 발행될 예정이다. 4년마다 반감기를 맞으면 발행 속도가 더 늦추어진다. 이것 때문에 비트코인의 희소성은 더욱 강화되고, 장기적인 우상향의 가격 상승을 촉발한다.

비트코인의 가격 변동은 극적이었다. 2010년 5월, 미국 플로리다에 거주하는 라슬로 한예츠는 10,000 비트코인을 주고 피자 두 판을 샀다. 이것이 비트코인을 사용한 최초의 실물 거래다. 당시 비트코인의 가치는 약 0.004달러에 불과했다. 하지만 2024년 3월에는 비트코인 한 개의 가격이 7만 3천 달러에 도달했다. 우리 돈으로 1억 원을 넘겼다. 14년 만에 약 1,825만 배의 가치 상승이 일어난 것이다. 이 상승은 주로 비트코인의 희소성과 수요 증가에 기인한다. 비트코인은 금과 같은 희소한 자산으로서, 시간이 지남에 따라 더 많은 사람들이 그 가치를 인정하고 투자하게 되었다.

비트코인의 희소성은 수요와 공급의 원리에 따라 그 가치를 증가시키는 데 중요한 역할을 한다. 2024년 1월 미국 증권거래위원회의 현물 ETF 승인과 더불어 기관 투자자들의 참여 증가, 기업들의 채택, 일반 투자자들의 관심 증가는 비트코인에 대한 수요를 지속적으로 높이고 있다. 2024년 4월에는 홍콩 현물 ETF도 승인되어 앞으로 중국 수요도 늘어날 것이다. 반면, 비트코인의 공급은 고정되어 있기 때문에, 자연스럽게 가격 상승이 일어날 수밖에 없다.

2009년 1월 12일 사토시로부터 10 BTC(비트코인)을 최초로 전송받은 인물이자 초기 채굴자였던 할 피니는 비트코인을 '디지털 금'이라고 부르며, 그 희소성이 장기적으로 비트코인을 안정적이고 가치 있는 자산으로 만들 것이라고 예견했다. 유명한 투자자이자 마이크로스트래티지 CEO 인 마이클 세일러도 비트코인의 가치를 강력하게 지지한다. 세일러는 2020년부터 비트코인에 적극적으로 투자해왔으며, 현재 약 17만 개 이상 을 보유하고 있다. 그는 비트코인의 희소성과 디지털 자산으로서의 특성 을 강조하며, 비트코인이 향후 수년 내에 수백만 달러에 이를 것이라고 예측한다.

비트코인의 희소성은 그 설계와 채굴 메커니즘에 의해 보장된다. 이는 비트코인을 인플레이션에 강한 자산으로 만든다. 독특한 설계에 의해 비 트코인의 채굴 보상은 4년마다 반으로 줄어든다. 예를 들어, 2024년 4월 의 네 번째 반감기 이후, 채굴 보상은 블록 당 6.25에서 3.125 BTC으로 줄 어들었다. 이와 같이 반감기는 비트코인의 공급을 제한하여 그 희소성을 높이고, 장기적인 가격 상승을 유도한다.

결론적으로, 비트코인의 희소성은 그 설계와 채굴 메커니즘에 의해 보 장되며, 이는 비트코인을 인플레이션에 강한 자산으로 만든다. 희소성 이야말로 비트코인의 가치를 지속적으로 증가시키는 중요한 요소임을 알 수 있다. 이것이 비트코인이 충분히 투자 가치가 있다는 첫 번째 이유 이다.

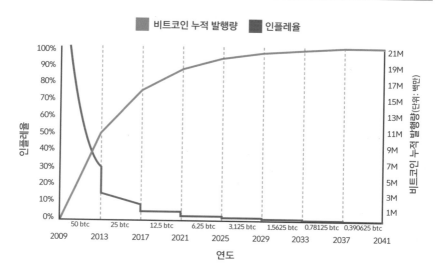

2024년 6월 현재 총 발행량은 1970만 개(발행률 93.8%)이며, 나머지 130만 개는 2140년까지 천천히 발행될 예정이다. 현재 연간 인플레율은 0.8% 정도, 이미 인플레가 거의 일어나지 않는 구간으로 접어들었다.

비트코인 반감기

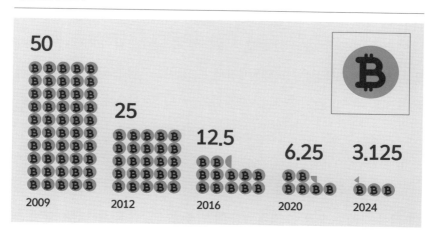

4년 주기 반감기마다 10분 당 채굴량이 절반으로 줄어든다.

탈중앙화가
가져다주는 혜택들

◆

비트코인의 가장 혁신적인 특성 중 하나는 바로 탈중앙화이다. 탈중앙화란 정부나 중앙 관리기관 없이 다수의 참여자들에 의해 시스템이 운영되는 것을 말한다. 비트코인은 블록체인 기술을 사용하여 모든 거래를 기록하고, 네트워크 참여자들(노드)이 이를 검증한다. 비트코인의 모든 거래 내역은 블록체인이라는 공개 분산 장부에 기록된다. 전 세계에 분산되어 있는 노드들에 똑같은 장부가 저장되어 있어서 투명성과 보안성을 동시에 확보할 수 있다.

탈중앙화는 방법적으로 '중개자가 없는 개인 간 거래(Peer-to-Peer, P2P)'라고 할 수 있다. 비트코인은 중앙은행이나 금융기관 같은 중개자 없이 직접 지불과 송금 등 거래를 하여 비용을 절감하고 효율성을 높인다. 기존 금융 시스템에서는 은행이나 신용카드 회사 같은 중개자가 거래를 처리하고 확인한다. 이 과정에서 수수료가 발생하고 거래 시간이 지연될 수 있다.

비트코인의 P2P 거래는 블록체인 기술을 통해 이루어진다. 거래는 비트코인 네트워크의 모든 노드에 의해 검증되고 기록되며, 이는 거래의 투명성과 신뢰성을 보장한다. 예를 들어, 철수가 명희에게 비트코인을 송금하면, 이 거래는 네트워크의 모든 노드에 전송되고 검증된다. 검증이 완료되면, 이 거래는 블록체인에 기록되어 더 이상 변경할 수 없게 된다.

저명한 경제학자 제프리 터커는 비트코인의 P2P 거래가 글로벌 경제를 혁신할 수 있다고 말한다. 그는 "비트코인은 국경을 초월한 글로벌 통화로, 국가 간 송금을 빠르고 저렴하게 할 수 있게 해준다. 기존 금융 시스템의 경계를 허물고, 전 세계 사람들이 더욱 쉽게 경제 활동에 참여할 수 있도록 돕는 중요한 도구."라고 강조한다.

비트코인의 탈중앙화가 주는 장점으로는 구체적으로 어떤 것이 있을까?

탈중앙화의 첫 번째 미덕은 검열 저항성이다. 중앙화된 현재의 금융 시스템에서는 정부나 은행이 특정 계좌를 동결하거나 거래를 막을 수 있다. 예를 들어, 2013년 키프로스 금융 위기 때 정부는 국민들의 은행 예금을 인출 못하게 강제로 동결시켰다. 많은 사람들이 그때 자신의 소유권이 언제든 위협받을 수 있다는 사실을 깨달았다. 비트코인은 탈중앙화된 네트워크 덕분에 누구도 개인의 거래를 막을 수 없다. 이는 개인의 자산 보호에 큰 도움이 된다.

두 번째로, 투명성과 보안성을 제공한다. 비트코인의 모든 거래는 블록체인에 기록되며, 누구나 이를 확인할 수 있다. 이러한 투명성과 보안성은 금융 시스템의 신뢰성을 높이는 중요한 요소이다. 2021년 4월, 비트코인의 시가총액이 1조 달러를 돌파하면서 많은 금융 전문가들이 비트코인의 이러한 특성에 주목하게 되었다. 이는 비트코인이 단순한 디지털 자산을 넘어 신뢰할 수 있는 금융 시스템으로 자리매김하는 데 중요한 역할을 했다.

세 번째로, 비용 효율성을 제공한다. 기존 금융 시스템에서는 해외 송금 시 많은 수수료와 긴 시간이 필요하다. 비트코인은 이 문제를 해결해 준다. 2020년 10월, 미국의 한 사용자가 10억 달러 상당의 비트코인을 송금하면서 수수료로 단 3.58달러를 지불했다. 이는 비트코인의 탈중앙화와 효율성 덕분에 가능한 일이었다.

네 번째로, 탈중앙화는 경제적 자주성을 제공한다. 정부나 중앙은행의 통화정책 변화에 의해 영향을 받지 않기 때문에, 개인은 자신만의 경제적 결정을 내릴 수 있다. 이는 특히 경제적 불확실성이 큰 국가에서 중요하다. 예를 들어, 2022년 아르헨티나처럼 1년 95%에 이르는 재난적 인플레이션이 발생한다면, 국민들은 비트코인을 통해 자산을 보호하고 경제적 자주성을 유지할 수 있다.

다섯 번째로, 탈중앙화는 금융 포용성을 높인다. 전 세계적으로 약 17억 명의 사람들이 은행 계좌 없이 생활하고 있다. 비트코인은 인터넷만 있으면 누구나 사용할 수 있어 이러한 사람들에게 금융 서비스를 제공할 수 있다. 스마트폰과 인터넷 연결만으로 비트코인을 통해 금융 거래를 할 수 있기 때문에, 은행 계좌가 없는 사람들도 글로벌 경제에 참여할 수 있다.

마지막으로, 비트코인의 P2P 거래는 개인의 프라이버시를 보호하는 데 중요한 역할을 한다. 기존 금융 시스템에서는 모든 거래가 중앙 기관에 의해 기록되고 관리되며, 이는 개인의 프라이버시 침해로 이어질 수 있다. 그러나 비트코인은 탈중앙화된 시스템을 통해 개인 간의 직접 거래를 가능하게 하여, 거래 내역이 중앙 기관에 저장되지 않는다. 이는 개인의 프라이버시를 보호하는 중요한 요소다.

블록체인 개념도

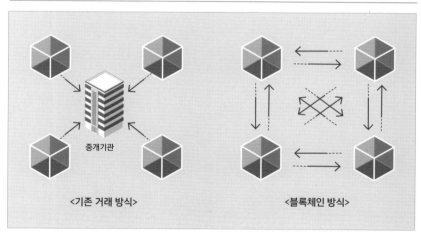

블록체인 기술은 중개 기관 없이 개인 대 개인 거래가 가능하게 한다.

이처럼 비트코인의 탈중앙화 특성은 검열 저항성, 금융 포용성, 투명성, 비용 효율성, 경제적 자주성 등 많은 미덕과 장점을 제공한다. 비트코인은 단순한 디지털 자산을 넘어, 미래의 안정적인 가치 저장 수단으로 자리매김할 것이다.

#1. 사토시 나카모토는 누구인가?

- 2009년 1월 3일부터 22,000개 이상의 블록을 채굴
- 블록 당 50개씩, 채굴 보상 약 110만 BTC
- 사토시의 지갑(주소)은 약 22,000개로 추정
- 2010년 홀연히 사라진 뒤 소식 없음.

비트코인을 만든 사토시 나카모토는 암호화폐 세계에서 최대의 미스터리이다. 2008년 10월 31일, 그는 '비트코인 백서'를 발표하며, 중앙은행 없이도 신뢰할 수 있는 디지털 화폐 시스템을 제안했다. 이듬해 2009년 1월 3일, 사토시는 비트코인의 첫 블록인 '제네시스 블록'을 채굴하며 비트코인 네트워크를 시작했다.

사토시는 2010년까지 비트코인 프로젝트에 적극적으로 참여했지만, 이후 홀연히 자취를 감췄다. 그의 마지막 공개적인 활동은 2011년 4월, 비트코인 개발자들에게 '다른 일에 집중할 시간'이라는 이메일을 보내고 나서였다. 사토시의 정확한 정체는 여전히 밝혀지지 않았으며, 개인인지 그룹인지도 불분명하다.

사토시에 대한 여러 추측이 있다. 일각에서는 미국의 수학자 닉 재보(Nick Szabo)가 사토시라는 주장도 있었다. 닉 재보는 비트코인보다 먼저 유사한 개념인 '비트골드'를 제안한 적이 있기 때문에 많은 이들이 그를 의심했다. 그러나 닉은 이 주장을 부인했다. 또 다른 후보로는 일본계 미국인 도리안 나카모

사토시 나카모토. 그의 정체와 진짜 이름은 아직까지 밝혀지지 않고 있다.

토(Dorian Nakamoto)가 있다. 2014년 뉴스위크는 도리안 나카모토가 사토시라고 주장했지만, 도리안 역시 이를 강력히 부인했다.

사토시는 비트코인 개발 초기에 약 110만 비트코인을 채굴한 것으로 추정된다. 이는 현재 가치로 약 110조 원에 해당하는 엄청난 금액이다. 흥미롭게도, 이 비트코인들은 지금까지 한 번도 팔거나 이동한 적이 없다. 사토시는 자기가 만든 비트코인의 값어치가 수천만 배로 늘어나고 90% 이상의 하락을 수차례 겪는 상황에서도 단 한 번도 출금하지 않았고, 수 년 간 계속 채굴만 했다. 이것을 볼 때, 사토시가 비트코인의 미래를 다른 전문가들과는 달리 굉장히 낙관적으로 판단했거나, 보통 사람으로서는 도저히 상상할 수 없는 강심장을 가졌다는 결론이 나온다. 이런 점이 사토시 미스터리를 더욱 증폭시킨다. 사토시 나카모토, 그 이름은 비트코인의 창시자로서, 영원히 암호화폐의 전설로 남을 것이다.

국적도 주인도 없는
진정한 세계인의 화폐

◆

    비트코인은 국적이 없다. 어떤 기업이나 단체에도 속하지 않는다. 진정한 탈중앙화 화폐다. 특정 기관이나 정부의 통제를 받지 않아 자유롭다. 자주적이다. 시간 효율성이 극대화되고 비용도 거의 발생하지 않아 수수료도 비교할 수 없을 정도로 싸다. 전 세계 어디서나 사용 가능하다. 무국적성은 오히려 전 세계에서 범용적으로 사용될 가능성을 열어준다.

    비트코인은 특정 국가의 경제적 상황에 의존하지 않고 글로벌 시장에서 독립적인 가치를 유지할 수 있다. 2009년 처음 등장한 이후, 비트코인은 다양한 국가에서 널리 사용되고 있다. 2021년, 엘살바도르는 세계 최초로 비트코인을 자국의 법정통화로 채택했고, 이후 중앙아프리카공화국도 비트코인을 법정통화로 지정하면서 그 영향력은 더욱 커졌다. 이는 비트코인의 무국적성과 글로벌 통용성을 입증하는 사례다.

국제 송금의 편리성 또한 비트코인의 큰 장점 중 하나다. 기존의 송금 시스템은 복잡하고 수수료가 비싸다. 그러나 비트코인은 단순하고, 빠르며, 매우 저렴한 수수료로 국제 송금을 가능하게 한다. 2021년 한 보고서에 따르면, 국제 송금 수수료는 평균 6.38%였지만, 비트코인을 사용한 송금은 1% 이하로 가능하다. 이는 해외 유학생이나 해외 송금을 자주 해야 하는 사람들에게 큰 편익을 제공한다. 소액 송금도 가능하다. 기존 송금 시스템에서 소액 송금은 배보다 배꼽이 더 큰 상황이었다. 해외여행자들도 비트코인을 사용하면 환전 수수료를 절약할 수 있다.

향후 펼쳐질 메타버스와 같은 가상 세계에서 비트코인은 기축통화로 사용될 가능성이 크다. 이미 많은 온라인 플랫폼에서 비트코인을 결제 수단으로 도입하고 있으며, 이는 디지털 경제의 중심에 비트코인이 자리 잡고 있음을 보여준다. 전문가들은 메타버스 경제가 2030년까지 1조 달러 규모로 성장할 것으로 예상하며, 비트코인이 그 중심에서 중요한 역할을 할 것이라고 예측한다.

비트코인은 개인의 경제적 자주성을 보장하는데도 중요한 역할을 한다. 중앙은행이나 금융기관의 통제를 받지 않기 때문에, 개인은 자신의 자산을 스스로 관리할 수 있다. 이는 특히 정치적, 경제적 불안정성이 큰 국가에서 더 큰 의미를 가진다. 2022년 나이지리아는 극심한 인플레이션과 경제 불안정으로 인해 많은 사람들이 비트코인을 통해 자산을 보호했다. 나이지리아의 연간 인플레율은 20%를 넘어섰고, 법정통화 나이라의 가치는 급격히 하락했다. 이러한 상황에서 나이지리아 국민들은 비트코인을 안전한 피난처로 선택했다. 실제로, 나이지리아는 2021년 기준으로 비트코인 거래량이 세계 2위에 달했다.

또한, 비트코인은 상대적으로 열악한 인프라를 가진 국가에서도 금융 접근성을 향상시킬 수 있다. 은행 계좌가 없어도 스마트폰만 있으면 비트코인을 통해 금융 서비스를 이용할 수 있기 때문이다. 이는 경제적 불평등을 해소하는 데 중요한 역할을 할 수 있다. 예를 들어, 케냐의 모바일 결제 시스템인 M-Pesa는 비트코인과 결합해 금융 소외 계층에게 금융 서비스를 제공하며 큰 성공을 거두었다. 이 시스템을 통해 2019년까지 약 4천만 명이 금융 서비스를 이용할 수 있었다.

비트코인은 글로벌 경제 활동에서 효율성을 제공한다. 비트코인은 중앙기관의 개입 없이도 안전하고 빠르게 거래를 처리할 수 있다. 이는 국제 무역에서 큰 이점을 제공하며, 기업들이 국경을 넘어 쉽게 거래할 수 있도록 도와준다. 비트코인의 이러한 특성 덕분에, 많은 기업들이 비트코인을 결제 수단으로 도입하고 있다. 예를 들어, 2021년 테슬라는 비트코인을 통해 차량 결제를 허용했다. 지금은 중단했지만, 이는 비트코인의 결제 가능성을 보여주는 중요한 사례다.

이처럼 비트코인은 그 어떤 국가, 기업, 단체에도 속하지 않는 탈중앙화된 화폐로서, 전 세계에서 범용적으로 사용될 수 있고, 매우 저렴한 국제 송금 수단이 되며, 개인의 프라이버시와 경제적 자주성을 보장하고,

빛의 속도로 연결된 세계. 비트코인은 가장 짧은 시간에 가장 적은 비용으로 지구 반대편으로 필요 금액을 송금할 수 있다.

경제적 불평등을 해소할 수 있는 잠재력을 지니고 있다. 이러한 특성들은 앞으로 더욱 주목받게 될 것이다.

만 원어치도 살 수 있다!
분할성

✦

비트코인의 매력적인 특성 중 하나는 바로 분할성이다. 이 디지털 자산은 1비트코인(BTC)이 1억 사토시(Satoshi)로 나뉘기 때문에 소액으로도 손쉽게 구매하고 사용할 수 있다. 이는 특히 소액 투자자들에게 큰 장점을 제공하며, 누구나 쉽게 비트코인 투자를 시작할 수 있게 만든다.

분할성 덕분에 단돈 만 원어치 비트코인을 구매하는 것이 가능하다. 금과 같은 다른 자산들과는 큰 차이가 있다. 금은 물리적인 형태로 존재하기 때문에 작은 단위로 나누기가 어려워 소액으로 투자하기 어렵지만, 비트코인은 디지털 자산이기 때문에 이러한 제한이 없다. 만약 1만 원으로 금을 산다면, 얼마나 살 수 있을까? 살 수도 없겠지만 산다고 해도 먼지만한 작은 부스러기 정도일 것이다. 그런데 비트코인 가격이 7,300만 원이라면, 만 원으로 약 0.00013699BTC를 구매할 수 있다. 즉 13,699사토시를 살 수 있는 것이다. 이는 비트코인이 누구나 접근할 수 있는 자산임을 보여주는 좋은 사례다.

비트코인의 분할성은 투자 측면에서 큰 장점을 제공한다. 많은 사람들이 비트코인을 투자 자산으로 고려할 때, 고가의 가격으로 인해 망설이게 되지만, 비트코인은 소액으로도 투자할 수 있기 때문에 누구나 쉽게 접근할 수 있다. 이는 비트코인이 대중화되는 데 큰 역할을 하고 있다. 실제로, 2021년과 2022년 비트코인 가격이 급등하면서 많은 소액 투자자들이 비트코인 시장에 진입했다. 이러한 현상은 비트코인 가격 상승의 주요 원인 중 하나로 작용했다.

비트코인의 분할성은 실제 사용에서도 큰 장점을 제공한다. 많은 사람들이 비트코인을 소액 결제 수단으로 사용할 수 있게 되며, 이는 비트코인의 사용성을 높이는 데 중요한 역할을 한다. 예를 들어, 커피 한 잔을 사기 위해 비트코인을 사용할 때, 0.0001 BTC와 같은 소액 결제도 가능하다. 이는 기존의 법정화폐와 비교했을 때 큰 유연성을 제공한다. 또한, 해외 송금에서도 비트코인의 분할성은 큰 이점을 제공한다. 예를 들어, 해외에 있는 지인에게 소액을 송금할 때, 비트코인은 저렴한 수수료와 빠른 속도로 송금할 수 있다. 이는 특히 개발도상국에서 큰 변화를 일으킬 잠재력을 가진다.

전문가들도 비트코인의 분할성을 높이 평가한다. 암호화폐 전문가 안드레아스 안토노풀로스(Andreas Antonopoulos)는 "비트코인의 분할성은 그것을 더욱 접근 가능하게 만들며, 누구나 쉽게 투자하고 사용할 수 있게 한다."고 말했다. 또한, 블록체인 분석가 조셉 영(Joseph Young)은 "비트코인의 분할성은 글로벌 경제에서 비트코인의 경쟁력을 높이는 중요한 요소다."라고 언급했다.

비트코인의 분할성은 또한 가격 변동성에 대한 대응 전략으로도 활용될 수 있다. DCA, 즉 적립식 투자를 가능하게 한다. 투자자들은 비트코인을 소액으로 나누어 구매함으로써 가격 변동성에 대한 리스크를 분산시킬 수 있다. 이는 장기적으로 비트코인에 투자하는 데 있어 큰 장점이 된다. 예를 들어, 한 투자자가 매달 일정 금액을 비트코인에 투자하면, 비트코인의 가격이 상승하든 하락하든 상관없이 평균 구매 가격을 낮출 수 있다. 이는 소액 투자자들에게 비트코인을 장기적으로 보유할 수 있는 좋은 전략이 된다.

결론적으로, 비트코인의 분할성은 비트코인을 누구나 쉽게 접근할 수 있는 자산으로 만든다. 소액으로도 투자하고 아주 작은 단위로도 사용할 수 있기 때문에, 점점 비트코인은 대중화되고 있다. 이 특성은 비트코인이 장기적으로 성장하고 발전하는 데 중요한 역할을 할 것이다. 당장 만원이라도 비트코인에 투자하자. 이 결정이 우리의 미래를 전혀 다르게 만들어줄 것이다.

비트코인의 단위

비트코인	단위	사토시
1BTC	BTC(비트코인)	100,000,000 사토시
dBTC	dBTC(데시 비트코인)	10,000,000 사토시
0.01BTC	cBTC(센티 비트코인)	1,000,000 사토시
0.001BTC	mBTC(밀리 비트코인)	100,000 사토시
0.000001BTC	uBTC(마이크로 비트코인)	100사토시
0.00000001BTC	satoshi(사토시)	1사토시

비트코인은 1억 개로 쪼갤 수 있다.

05

쉽고 빠르고
저렴하게 송금한다

◆

　비트코인은 자산을 쉽고 빠르게, 그리고 저렴한 비용으로 이동시킬 수 있는 혁신적인 디지털 자산이다. 이는 특히 전쟁이나 비상 상황에서 매우 유용할 수 있다. 전통적인 금융 시스템에서는 국제 송금이나 자산 이동이 복잡하고 시간이 오래 걸리며, 높은 수수료가 부과된다. 하지만 비트코인은 이러한 문제를 단번에 해결한다.

　비트코인은 블록체인 기술을 기반으로 하기 때문에, 중개자가 필요 없다. 이로 인해 거래 수수료가 극도로 낮아지며, 거래 속도도 매우 빠르다. 예를 들어, 비트코인 네트워크를 통해 1억 원을 지구 반대편으로 송금하는 데 걸리는 시간은 단 몇 분에 불과하다. 또한, 수수료는 몇 천 원 수준으로 매우 저렴하다. 앞에서 말했듯 미국의 한 사용자가 10억 달러 상당의 비트코인을 송금하면서 지불한 수수료는 단 3.58달러에 불과했다. 이는 전통적인 금융 시스템에서는 상상도 할 수 없는 효율성이다.

비트코인의 이러한 특성은 특히 전쟁이나 비상 상황에서 더욱 빛을 발한다. 예를 들어, 시리아 내전 당시 많은 사람들이 집과 재산을 잃고 피난을 떠나야 했다. 전통적인 금융 시스템은 이들에게 큰 도움이 되지 않았다. 그러나 일부 사람들은 비트코인을 이용해 자산을 보호하고, 피난지에서도 경제 활동을 이어갈 수 있었다. 비트코인은 눈에 띄지 않는 디지털 자산이라 휴대하여 쉽게 국경을 넘을 수 있다. 어디서나 똑같은 가치로 사용할 수 있는 통화이기 때문에, 피난지에서도 사용이 가능하다. 이는 전쟁 상황에서도 가족을 지키고 재산을 보호하는 데 큰 도움이 된다.

또 다른 사례로는 2022년 우크라이나 전쟁을 들 수 있다. 러시아의 침공으로 인해 수많은 우크라이나 국민들이 난민이 되거나 경제적 어려움을 겪었다. 이때 많은 우크라이나 국민들은 비트코인을 사용하여 국제적으로 자금을 송금받고, 경제적 활동을 지속할 수 있었다. 특히 러시아 제재로 인해 전통적인 금융 시스템을 이용할 수 없게 된 상황에서, 비트코인은 중요한 대안이 되었다. 블록체인 기술의 투명성과 보안성 덕분에, 비트코인을 통한 송금은 안전하고 신속하게 이루어졌다.

또한, 베네수엘라와 같은 극심한 인플레이션을 겪는 국가에서도 비트코인은 중요한 역할을 한다. 2019년 인플레이션율이 20,000%에 달해 베네수엘라 볼리바르의 가치가 거의 무용지물이 되었다. 국민들은 생존을 위해 다른 대안을 찾게 되었다. 많은 사람들이 비트코인을 통해 자산을

비트코인은 물리적 실체가 없는 디지털 자산이다. 휴대가 간편하고 눈에 보이지 않고 순식간에 이동한다.

보존하고, 국제 거래를 수행하며, 가족들을 지원할 수 있었다. 비트코인은 국경을 초월한 글로벌 통화로서, 이러한 상황에서 더욱 빛을 발한다.

비트코인의 이러한 특성은 개인뿐만 아니라 기업에게도 큰 장점을 제공한다. 예를 들어, 국제 무역을 하는 기업들은 비트코인을 통해 환율 변동의 위험을 줄이고, 빠르고 저렴한 결제 수단을 사용할 수 있다. 글로벌 기업인 마이크로소프트와 같은 대기업들은 이미 비트코인을 결제 수단으로 받아들이고 있으며, 이는 비트코인의 사용 사례가 점점 더 확산되고 있음을 보여준다. 또한, 페이팔과 같은 결제 플랫폼도 비트코인 거래를 지원하며, 비트코인의 사용이 더욱 확산되고 있다.

비트코인은 정치적, 경제적 불안정성에서도 자유롭다. 이는 비트코인이 탈중앙화된 네트워크를 통해 운영되기 때문이다. 예를 들어, 정부가 은행 계좌를 동결하거나 자산을 압류하는 상황에서도 비트코인은 안전하게 자산을 보호할 수 있다. 2022년 우크라이나 전쟁 당시 많은 사람들이 비트코인을 통해 자산을 보호할 수 있었던 것이 이를 증명한다.

결론적으로, 비트코인은 쉽고 빠르게, 상상하기 힘들 정도로 저렴한 비용으로 자산을 이동할 수 있는 혁신적인 디지털 자산이다. 이는 특히 전쟁이나 비상 상황에서 자산을 보호하고 가족을 지키는 데 큰 역할을 할 수 있다.

#2. 비트코인이란 무엇인가
- '비트코인 백서'

2008년 10월 31일, 사토시 나카모토라는 가명의 인물은 <비트코인: P2P 전자 화폐 시스템>이라는 제목의 백서를 발표했다. 이 백서는 비트코인의 개념과 작동 원리를 설명하며, 탈중앙화된 디지털 통화 시스템을 제안했다. 이는 전 세계적으로 금융 시스템에 대한 불신이 커지던 2008년 '금융위기' 시기에 탄생한 것이다.

비트코인 백서는 기존 금융 시스템의 문제점을 지적하며, 이를 해결하기 위한 대안으로 비트코인을 제시했다. 백서의 핵심 내용은 다음과 같다.

① **탈중앙화**: 비트코인은 중앙 기관 없이도 운영되는 탈중앙화된 시스템이다. 이는 모든 거래가 P2P 네트워크를 통해 직접 이루어지며, 중앙 서버가 필요 없다.

② **거래 검증**: 모든 거래는 네트워크 참여자들에 의해 검증된다. 이는 블록체인이라는 공개 분산 장부에 기록되며, 누구나 이를 확인할 수 있다.

③ **작업 증명**: 거래의 무결성을 보장하기 위해 채굴자들은 복잡한 수학 문제를 풀어야 한다. 이를 통해 새로운 블록이 생성되고, 거래가 검증된다.

④ **한정된 공급**: 비트코인의 총 발행량은 2,100만 개로 제한되어 있다. 이는 인플레이션을 방지하고, 희소성을 유지하는 데 중요한 역할을 한다.

백서는 비트코인이 어떻게 중앙화된 금융 시스템의 단점을 극복하고, 투명성

비트코인 백서. 사토시가 작성한 8쪽짜리 논문이다.

과 보안성을 확보할 수 있는지를 설명한다. 사토시는 블록체인 기술을 통해 모든 거래를 투명하게 기록하고, 누구나 검증할 수 있도록 설계했다.

2009년 1월 3일, 사토시는 첫 번째 블록인 제네시스 블록을 채굴하며 비트코인 네트워크를 가동시켰다. 이후 비트코인은 빠르게 성장하며, 전 세계적으로 수많은 사람들이 사용하는 디지털 자산으로 자리 잡았다.

비트코인 백서는 기술 문서의 차원을 넘어, 탈중앙화된 금융 시스템의 가능성을 제시한 혁신적인 문서다. 이는 기존의 금융 패러다임을 변화시키고, 새로운 경제 생태계를 창출하는 데 기여했다.

대체가 불가능한
21세기 최고의 발명품

비트코인은 디지털 금으로 불리며, 그 잠재력은 21세기 최고의 발명품으로 손꼽힌다. 비트코인은 중앙 기관의 통제 없이 탈중앙화된 네트워크에서 운영되며, 그 창시자인 사토시 나카모토의 정체는 아무도 모르고 여전히 신비에 싸여 있다. 블록체인 기술을 기반으로 한 비트코인은 투명성과 보안성을 동시에 제공한다. 비트코인 채굴의 원리, 가치 저장 수단으로서의 역할, 보안성 및 인플레이션 차단 능력 등은 비트코인이 금융 혁신의 중심에 서게 한 주요 요소들이다. 은행 계좌가 없는 사람들도 접근할 수 있는 비트코인은 금융 민주화의 상징으로 자리잡고 있다. 비트코인의 독보적 지위와 세계 금융 시스템의 대변혁을 이끌 잠재력은 그 가치를 더욱 높이고 있다. 이번 장에서는 비트코인이 왜 디지털 금이라 불리는지, 그리고 블록체인이 무엇인지, 비트코인은 어떤 원리로 작동되는지에 대해 살펴보자. 비트코인의 놀라운 세계로 함께 떠나보자.

비트코인은
디지털 금이다

◆

비트코인을 디지털 금이라고 부르는 이유는 명확하다. 그 희소성과 가치 저장의 특성 때문이다. 금은 오랜 세월 동안 인류에게 가치 있는 자산으로 여겨져 왔다. 유구한 역사를 견뎌내며 아직까지 살아남았다. 그러나 인류는 유사 이래 최대의 변곡점을 맞았다. 디지털 시대에 들어서면서 비트코인이 실물 금보다 더 나은 특성을 지닌 디지털 자산으로 주목받고 있다.

우선, 비트코인은 금보다 더 한정적인 공급량을 가지고 있다. 비트코인의 총 발행량은 2,100만 개로 제한되어 있으며, 이는 절대로 변할 수 없다. 이러한 제한된 공급은 비트코인을 희소한 자산으로 만들어, 시간이 지남에 따라 그 가치가 상승할 가능성을 높인다. 비트코인은 2024년 6월 현재 약 1,970만 개가 채굴되었으며, 이는 총 발행량의 약 93.8%에 해당한다.

남은 130만 개의 비트코인은 앞으로 116년에 걸쳐 천천히 발행될 예정이다.

비트코인은 금보다 더 나은 이동성과 보관의 용이성을 제공한다. 금을 이동시키거나 보관하는 데는 많은 비용과 노력이 필요하다. 그러나 비트코인은 물리적인 공간을 차지하지 않고, 인터넷만 있으면 어디서든 쉽게 이동시킬 수 있다. 예를 들어, 100억 원 상당의 금을 다른 나라로 이동시키려면 큰 비용과 번거로운 제약이 따르지만, 비트코인은 몇 분 만에 수수료도 거의 없이 이동시킬 수 있다.

비트코인의 가치는 최근 몇 년 동안 폭발적으로 증가했다. 2009년 처음 등장했을 때 1BTC의 가치는 몇 센트에 불과했지만, 2021년 11월에는 약 69,000달러에 도달했고, 2024년 3월에는 73,000달러를 넘어섰다. 이는 비트코인이 얼마나 큰 잠재력을 가지고 있는지를 보여준다. 전문가들도 비트코인의 가치를 높이 평가한다. 스타 펀드매니저이자 아크인베스트의 CEO인 캐시 우드는 "비트코인은 금보다 더 나은 가치 저장 수단이 될 것이며, 장기적으로 볼 때 비트코인의 가치는 380만 달러(약 51억 원)에 이를 것."이라고 말했다.

비트코인의 이러한 특성은 투자자들에게 큰 매력을 제공한다. 유명한 투자자이자 마이크로스트래티지의 CEO인 마이클 세일러는 2020년부터 비트코인에 적극적으로 투자해왔으며, 현재 약 17만 개 이상의 비트코인을 보유하고 있다. 그는 "비트코인은 디지털 금이며, 인류 역사상 가장 중요한 자산이 될 것."이라고 주장했다. 또한, 비트코인의 디지털 자산으로서의 특성을 강조하며, 비트코인이 향후 수년 내에 수백만 달러에 이를 것이라고 예측한다. 세계 최대의 자산운용사 블랙록의 래리 핑크 최고경영자도 언론 인터뷰를 통해 "많은 측면에서 비트코인은 디지털화하고 있는 황금이다."고 주장했다.

비트코인은 탈중앙화된 네트워크에서 운영되기 때문에 중앙 기관의 통제나 규제를 받지 않는다. 이는 정치적이나 경제적 불안정성으로부터 자유로울 수 있음을 의미한다. 예를 들어, 튀르키예의 2021년 경제 위기 동안 많은 사람들이 리라의 가치 하락을 피하기 위해 비트코인을 선택했다. 비트코인은 이러한 상황에서도 개인의 자산을 보호할 수 있는 강력한 도구로 작용한다.

또, 비트코인은 블록체인 기술을 통해 모든 거래를 분산 원장에 기록하며, 전 세계의 모든 네트워크 참여자가 이를 확인할 수 있다. 이는 거래의 투명성과 보안성을 보장한다. 거래 내역은 누구나 확인할 수 있도록 공개되어 있다. 이것은 부정행위를 방지하고 금융 시스템의 신뢰성을 높이는 데 중요한 역할을 한다. 2020년 한 해 동안 비트코인 네트워크는 수십억 건의 거래를 처리하면서도 단 한 건의 오류나 해킹 사고가 발생하지 않았다. 이는 비트코인의 보안성과 안정성이 얼마나 뛰어난지를 보여준다.

비트코인은 디지털 시대에 걸맞은 새로운 형태의 금이다. 그 희소성과 가치 저장 능력, 이동성과 보관의 용이성 등은 비트코인이 왜 디지털 금

비트코인은 여러 측면에서 금을 닮았다.

인지, 왜 금보다 나은 가치가 있는지를 잘 보여준다. 비트코인의 잠재력을 믿는다면, 지금 바로 작은 금액으로 투자해보자. 10년 후엔 과거의 자신에게 감사하게 될 것이다.

완벽한 인플레 방지,
완벽한 가치 보존

◆

　최근 급격한 물가 상승은 전 세계 경제에 큰 불안을 초래하고 있다. 이에 투자자들은 인플레이션으로부터 자산을 보호할 수 있는 투자처를 적극적으로 모색하고 있다. 그 중에서도 비트코인은 완벽에 가까운 인플레이션 차단 특성을 지닌 자산으로 주목받고 있다. 자산을 가치 소실 없이 안전하게 유지, 보관할 수 있다는 것은 매우 중요하다. 부유한 사람들에게 특히 더 중요하다. 비트코인의 가장 큰 장점이 인플레이션으로부터 완벽하게 보호받을 수 있다는 점이다.

　인플레이션은 화폐의 가치가 하락하고 물가가 상승하는 현상을 말한다. 이는 일반적으로 중앙은행이 돈을 많이 찍어내면서 발생한다. 최근의 예로서, 2020년 코로나 팬데믹 발생 직후 미국 연방준비제도(Fed)는 대규모 금융 완화 정책을 실시하면서 인플레율이 급격히 상승했다.

일반적으로 미국 달러의 실질 인플레율은 연평균 7% 정도이다. 연평균 7%라면, 10년 후 가치가 현재의 절반으로 줄어든다는 뜻이다. 매년 7%씩 가치가 감소하는 효과를 누적한 결과이다. 예를 들어, 현재 100달러는 1년 후 93달러, 2년 후 약 86.5달러로 줄어든다. 이를 10년 동안 반복하면, 최종적으로 약 48.4달러로 감소한다. 미국 달러의 가치는 지난 100년 동안 99%가 소실되었고 1% 미만의 가치만 남았다. 이는 인플레가 지속될 경우, 장기적으로 화폐 가치가 얼마나 크게 감소할 수 있는지를 보여준다. 세계에서 가장 안전 자산이라는 달러가 이 정도이니 다른 통화의 심각성은 말할 필요가 없다.

반면, 비트코인은 총 발행량이 2,100만 개로 제한되어 있어 인플레이션의 영향을 받지 않는다. 설계 자체가 인플레이션을 차단하도록 고안되었기 때문이다. 비트코인의 창시자 사토시 나카모토는 2009년 비트코인을 처음 설계할 때, 중앙은행의 화폐 발행 남용을 방지하기 위해 비트코인의 총 발행량을 제한했다. 이는 비트코인을 디지털 금으로서의 위치에 올려놓았다.

총 발행량 제한뿐 아니라, 발행 속도도 시간이 지날수록 느려진다. 비트코인은 4년마다 반감기를 맞으며 채굴 보상이 절반으로 줄어든다. 비트코인 생산이 절반으로 줄어드는 것이다. 2024년 4월, 비트코인은 네 번째 반감기를 맞이했다. 이로 인해 블록 당 채굴 보상은 6.25 BTC에서 3.125 BTC로 줄어들었다. 이러한 반감기 이벤트는 비트코인의 희소성을 더욱 강화하며, 장기적인 가격 상승을 유도한다. 실제로 2012년, 2016년,

2020년의 반감기 이후 비트코인 가격은 급격히 상승했다.

비트코인의 인플레이션 차단 능력은 여러 곳에서 입증되었다. 예를 들어, 2021년 레바논의 경제 위기 동안 많은 레바논 국민들은 자국 화폐의 급격한 가치 하락을 경험했다. 이때 비트코인은 그들에게 안정적인 자산 저장 수단으로 각광받았다. 레바논의 금융 위기로 인해 은행 시스템이 붕괴하고, 예금 인출이 제한되자, 많은 사람들이 비트코인으로 자산을 옮겨 인플레이션의 영향을 피했다.

결론적으로, 비트코인은 완벽에 가까운 인플레이션 차단 특성을 지닌 디지털 자산이다. 이는 비트코인의 설계와 채굴 메커니즘에 의해 보장되며, 비트코인을 인플레이션에 강한 자산으로 만든다. 이러한 특성 덕분에 비트코인은 장기적인 투자 가치가 있으며, 부유한 사람들뿐만 아니라 일반 투자자들에게도 매력적인 자산으로 자리 잡고 있다. 비트코인의 희소성과 인플레이션 차단 능력은 그 가치를 지속적으로 증가시키는 중요한 요소이다.

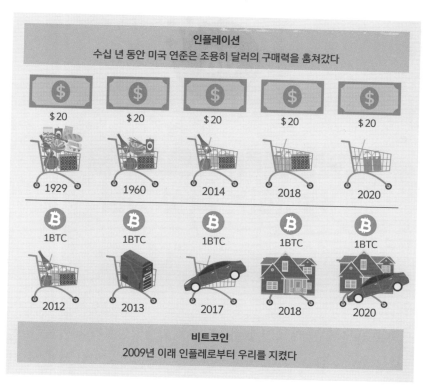

달러는 해마다 가치가 급락하고, 비트코인은 자동차를 넘어 점점 집 한 채 값이 되어간다.

난공불락, 비트코인을 방어하는 다섯 기둥

비트코인의 가장 큰 강점 중 하나는 그 탁월한 보안성이다. 비트코인은 2009년 출범 이래로 난공불락의 보안성을 자랑하며 디지털 자산으로서의 입지를 굳건히 하고 있다. 이는 블록체인 기술과 SHA-256 해시 알고리즘 등 비트코인을 지키는 다섯 기둥 덕분에 가능하다. 비트코인의 보안성을 지탱하는 다섯 가지 주요 기둥을 하나하나 살펴보자.

첫 번째 기둥은 블록체인 기술이다. 블록체인은 모든 비트코인 거래가 기록되는 분산 원장으로, 네트워크에 참여하는 모든 노드가 이 원장을 공유하고 검증한다. 이로 인해 하나의 거래를 임의로 변경하려면 네트워크 상의 모든 노드를 해킹해야 하는 불가능에 가까운 조건이 필요하다. 예를 들어, 2020년 기준으로 비트코인 네트워크는 약 10,000개의 활성 노드를 가지고 있어 해킹 시도를 극도로 어렵게 만든다. 블록체인은 거래 내역의 투명성을 보장하며, 누구나 이를 검토할 수 있어 부정행위를 방지한다.

두 번째 기둥은 SHA-256 해시 알고리즘이다. SHA-256은 비트코인 네트워크의 모든 거래를 암호화하는 데 사용되며, 각 거래가 고유한 해시 값을 가지도록 한다. 이 알고리즘은 입력 데이터의 작은 변경에도 완전히 다른 해시 값을 생성하기 때문에, 거래 내역의 위조를 사실상 불가능하게 만든다. 이는 비트코인 네트워크의 무결성과 보안성을 크게 높인다. 예를 들어, SHA-256은 2의 256제곱 가지 경우의 수를 가지며, 이는 현재의 컴퓨팅 능력으로는 해독이 불가능한 수준이다.

세 번째 기둥은 작업증명(PoW) 알고리즘이다. PoW는 비트코인 거래를 검증하고 새로운 블록을 생성하기 위해 채굴자들이 복잡한 수학 문제를 해결해야 하는 방식이다. 이는 대규모 컴퓨팅 파워가 필요하며, 네트워크의 해시레이트가 높을수록 보안성도 높아진다. 2023년 말 기준으로 비트코인의 해시레이트는 약 250엑사해시(EH/s)에 도달했는데, 이는 네트워크를 공격하려면 이보다 높은 계산 능력이 필요함을 의미한다. 해시레이트가 높을수록 네트워크의 안정성과 보안성이 강화된다.

네 번째 기둥은 탈중앙화이다. 비트코인은 중앙 통제 기관 없이 전 세계 수많은 참여자들에 의해 운영된다. 이는 특정 기관이나 개인이 네트워크를 조작하거나 통제할 수 없음을 의미한다. 탈중앙화 덕분에 비트코인은 국가의 경제적 불안정성이나 정책 변화로부터 자유로울 수 있다. 예를 들어, 아프리카의 여러 국가에서 불안정한 경제 상황 속에서도 비트코인은 안전한 자산으로 사용되고 있다.

다섯 번째 기둥은 비트코인의 코어 개발자들에 의한 지속적인 보안 개선이다. 비트코인 코어 개발팀은 네트워크의 보안 강화를 위해 지속적으로 소프트웨어 업데이트를 제공한다. 2017년에는 비트코인 네트워크의 트랜잭션 용량을 늘리고 보안을 강화하기 위한 세그윗(SegWit) 업데이트가 성공적으로 시행되었다. 이러한 업데이트는 네트워크의 효율성을 높이고 잠재적인 보안 취약점을 제거하는 데 기여한다. 참고로, 코어 개발팀은 대부분 전문 프로그래머 또는 개발자들인데, 모두 자발적인 재능 기부자들이다. 그들은 기술에 대한 순수한 열정과 비전을 공유하며, 아무런 보상 없이 자신의 시간과 노력을 쏟는다. 개인적인 이익보다 비트코인 기술의 발전과 네트워크의 안정성을 위해 헌신하는 것이다.

이밖에, 커뮤니티와 노드 운영자들의 자발적이고 적극적인 참여도 보안에 중요하다. 비트코인 네트워크의 모든 노드는 독립적으로 거래를 검증하고 블록체인을 유지한다. 이로 인해 네트워크의 투명성과 보안이 강화되며, 중앙 집중식 시스템에서 발생할 수 있는 단일 실패 지점(Single Point of Failure)을 제거한다. 2009년 비트코인 네트워크가 단 1개의 노드로 시작했지만, 현재는 수만 개의 노드가 네트워크를 지원하고 있어 더욱 강력한 보안을 제공한다.

비트코인의 보안성을 입증하는 사례 중 하나는 2016년 다오DAO 해킹 사건이다. 당시 이더리움 네트워크에서 발생한 이 사건은 약 5,000만

블록체인. 거래정보를 담은 블록들이 시간 순으로 연결되어 체인을 형성한다.

블록 체인 거래 과정

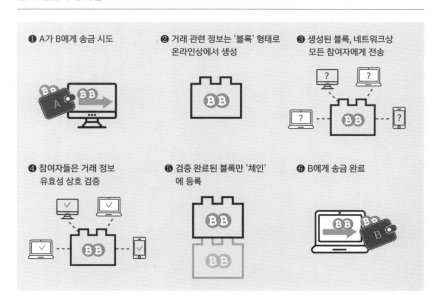

❶ A가 B에게 송금 시도

❷ 거래 관련 정보는 '블록' 형태로 온라인상에서 생성

❸ 생성된 블록, 네트워크상 모든 참여자에게 전송

❹ 참여자들은 거래 정보 유효성 상호 검증

❺ 검증 완료된 블록만 '체인'에 등록

❻ B에게 송금 완료

비트코인의 거래 내역은 네트워크 참여자 모두에게 전달되고 공유된다.

달러 상당의 이더리움이 해킹된 사건이다. 반면, 비트코인 네트워크는 이와 같은 대규모 해킹 사건을 겪지 않았다. 이는 비트코인의 강력한 보안 구조가 실제 상황에서도 유효함을 보여준다.

비트코인의 보안성은 블록체인 기술, SHA-256 해시 알고리즘, 작업증명 알고리즘, 탈중앙화, 지속적인 보안 개선이라는 다섯 기둥에 의해 지탱된다. 이러한 요소들은 비트코인을 가장 안전한 디지털 자산으로 만들어주며, 이는 투자자들이 비트코인을 신뢰하고 장기적으로 보유하게 만드는 중요한 이유가 된다.

#3. SHA-256 해시 함수

비트코인은 블록체인 기술을 기반으로 하며, SHA-256 해시 함수를 사용해 거래를 검증하고 블록을 생성한다. 블록체인은 모든 거래를 블록 단위로 기록하고, 각 블록은 SHA-256 해시 값을 통해 연결된다. 채굴자들은 SHA-256을 사용해 복잡한 수학 문제를 해결하고 새로운 블록을 추가하며 보상으로 비트코인을 받는다. SHA-256의 2^{256} 경우의 수는 네트워크의 보안성과 투명성을 보장한다.

해시 함수는 임의의 입력 데이터를 고정된 길이의 고유한 출력 값(해시 값)으로 변환하는 함수이다. 해시 함수는 다음과 같은 특성을 가진다.

① **고정된 길이 출력**: 입력 데이터의 크기와 상관없이 고정된 길이의 출력을 생성한다.
② **결정적**: 동일한 입력은 항상 동일한 출력을 생성한다.
③ **충돌 회피**: 서로 다른 두 입력이 동일한 출력을 생성하는 가능성을 매우 낮게 한다.
④ **역상 저항성**: 출력 값을 통해 입력 값을 역으로 추정하는 것이 매우 어렵다.
⑤ **고유성**: 입력 데이터가 조금만 변경되어도 완전히 다른 해시 값을 생성한다.

SHA-256은 해시 함수의 한 종류이다. 'SHA'는 Secure Hash Algorithm의

약자이며, '256'은 출력 값의 길이가 256비트임을 나타낸다. SHA-256은 미국 국립 표준 기술 연구소(NIST)가 설계한 표준 해시 알고리즘 중 하나이다. SHA-256의 강력한 보안 덕분에 비트코인은 해킹이나 위조 거래로부터 안전하게 보호된다. 2024년 현재까지 SHA-256 해시 알고리즘이 깨진 사례는 단 한 건도 없다. SHA-256의 주요 특징은 다음과 같다.

① **고정된 256비트 출력**: 입력 데이터의 크기와 상관없이 항상 256비트(32바이트)의 고정된 길이 출력을 생성한다.
② **보안성**: 강력한 암호학적 속성을 가지고 있어 데이터 무결성 검증, 디지털 서명, 암호화 등 다양한 보안 응용에 사용된다.
③ **충돌 저항성**: 서로 다른 두 입력이 동일한 해시 값을 생성하는 확률이 매우 낮아 충돌이 거의 발생하지 않는다.
④ **역상 저항성**: 해시 값으로부터 원래 입력 값을 찾는 것이 매우 어렵다.
⑤ **거대한 경우의 수**: SHA-256은 2^256, 즉 2의 256제곱 가지의 경우의 수를 가진다. 이는 매우 방대한 수로, 해시 값을 역으로 추적하는 것을 사실상 불가능하게 한다.

SHA-256은 비트코인 채굴 과정에서 중요한 역할을 한다. 비트코인 네트워크에서 채굴자는 SHA-256 해시 함수를 사용해 특정 조건을 만족하는 해시 값을 찾아 새로운 블록을 생성한다. 이 과정에서 거래가 검증되고, 새로운 비트코인이 채굴자에게 보상으로 주어진다. 모든 거래는 SHA-256 해시 함수를 통해 블록체인에 안전하게 기록된다. SHA-256의 암호학적 속성 덕분에 비트코인 네트워크의 무결성과 보안성이 유지된다.

해싱 알고리즘

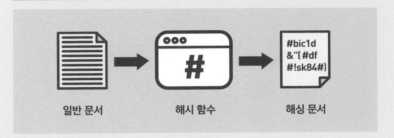

일반 문서　　　　　　해시 함수　　　　　　해싱 문서

문서의 크기나 길이에 상관없이 같은 길이의 출력을 생성한다.

돈의 고속도로,
돈의 인터넷

◆

비트코인은 단순히 디지털 화폐가 아니라, 돈의 고속도로이자 돈의 인터넷이다. 혁신적인 금융 기술로서의 무한한 가능성이 있다. 이 혁신적인 네트워크는 전 세계 사람들이 국경 없이 빠르고 안전하게 돈을 보내고 받을 수 있게 해주고, 새로운 금융 서비스와 비즈니스 모델을 가능하게 한다. 비트코인이 어떻게 돈의 고속도로, 돈의 인터넷 역할을 하는지 살펴보자.

먼저, 비트코인은 인터넷을 통해 전 세계 어디서나 빠르고 안전하게 자금을 송금할 수 있게 한다. 기존 금융 시스템에서는 국제 송금이 복잡하고 시간도 오래 걸리며, 수수료도 상당히 비싸다. 예를 들어, 미국에서 인도로 1,000달러를 송금하려면 평균적으로 7%의 수수료를 내야 하고, 처리 시간도 3~5일이 걸린다. 비트코인을 사용하면 이러한 문제를 쉽게 해결할 수 있다. 비트코인을 통해 국제 송금을 하면, 중개 은행이 필요 없고, 수수료도 몇 센트에 불과하며, 송금 시간은 몇 분에 지나지 않기 때문이다.

2023년 기준, 해외 송금 비용 평균은 6%가 넘는다. 100달러를 해외로 보낼 때 6달러를 수수료로 지불해야 한다. 반면, 비트코인 거래는 수수료가 거의 없이 이루어질 수 있다. 세계은행에 따르면, 2021년 해외 송금 금액은 7,000억 달러에 달했다. 만약 이 모든 송금이 비트코인을 통해 이루어졌다면, 수수료는 약 420억 달러 절감될 수 있었을 것이다. 이는 엄청난 규모의 자원 절감이며, 개인과 기업 모두에게 큰 이익을 가져다 줄 것이다. 비트코인이 금융 거래의 효율성을 극대화하고, 비용을 절감하는 데 큰 기여를 할 수 있다.

또한, 비트코인은 돈의 인터넷으로서 다양한 디지털 자산을 안전하게 거래할 수 있는 플랫폼을 제공한다. 스마트 계약을 통해 비트코인 네트워크상에서 자동으로 실행되는 계약을 작성할 수 있다. 이는 중개자 없이도 신뢰할 수 있는 거래를 가능하게 한다. 예를 들어, 한 부동산 거래를 생각해보자. 전통적인 방식에서는 많은 서류 작업과 중개 비용이 필요하지만, 비트코인을 사용하면 스마트 계약을 통해 이러한 과정을 자동화할 수 있다. 거래 조건이 충족되면 자동으로 소유권이 이전되며, 이는 시간과 비용을 크게 절감한다.

스마트 계약뿐 아니라, 분산형 응용 프로그램(DApps), 탈중앙화 금융

비트코인은 돈의 고속도로다.

(DeFi) 등 혁신적인 금융 서비스도 가능하게 한다.

> **DApps**: 중앙 서버 없이 운영되는 응용 프로그램이다. 사용자에게 더
> 많은 데이터 개인 정보 보호와 제어권을 제공하며, 플랫폼에 대한 의존
> 도를 줄인다.
> **DeFi**: 중앙 기관 없이 금융 서비스를 제공하는 시스템이다. 사용자는
> 은행이나 기타 금융 기관을 거치지 않고 직접 돈을 빌리고 빌려줄 수
> 있다. 이는 금융 서비스에 대한 접근성을 높이고, 더 낮은 금리를 제공
> 하며, 사용자에게 더 많은 권한을 부여한다.

돈의 고속도로 역할은 기업들에게도 큰 이점을 제공한다. 예를 들어,

글로벌 기업인 마이크로소프트는 비트코인을 결제 수단으로 받아들이고 있으며, 이는 비트코인의 실용성을 보여준다. 페이팔(PayPal)과 같은 결제 플랫폼도 비트코인 거래를 지원하며, 비트코인의 사용이 더욱 확산되고 있다. 이는 비트코인이 글로벌 금융 거래에서 중요한 역할을 하고 있음을 의미한다.

이와 관련, 일명 '돈나무 언니'로 불리는 캐시 우드 아크인베스트 대표는 2024년 3월 뉴욕의 한 비트코인 행사에 참석해 "비트코인은 금융 슈퍼 고속도로"라며 "이 덕분에 380만 달러(약 51억 원)까지 오를 수 있다."고 주장했다. 그리고 "비트코인은 신흥시장 국가들이 환 리스크를 헤지할 수 있는 등 장점이 많아 앞으로 더욱 널리 채택될 것."이라고도 설명했다.

비트코인은 돈의 고속도로이자 돈의 인터넷으로서 금융 거래의 효율성을 극대화하고, 비용을 절감하며, 투명성과 보안성을 높이는 데 중요한 역할을 한다. 이는 비트코인이 단순한 투자 자산을 넘어, 글로벌 금융 시스템을 혁신하고, 더 나은 금융 서비스를 제공할 수 있는 강력한 도구임을 의미한다. 과거 인터넷이 그랬듯이, 앞으로 이 네트워크상에서 어떤 놀라운 비즈니스가 펼쳐질지 기대해보자. 비트코인의 이러한 특성과 잠재력은 그 가치를 지속적으로 증가시키는 중요한 요소이며, 투자자들에게 큰 매력을 제공한다.

인터넷

비트코인

인터넷 기반 위에 구글과 아마존, 애플, 넷플릭스, 페이스북 서비스가 있다. 비트코인 네트워크에는 어떤 사업들이 펼쳐질까?

#4. 이중지불

이중지불(Double-Spending)은 디지털 화폐 시스템에서 동일한 화폐를 여러 번 사용하는 것을 말한다. 이는 디지털 파일이 복제 가능하다는 특성 때문에 발생하는 문제다. 예를 들어, A가 동일한 비트코인을 B와 C에게 동시에 보낼 경우, 이중지불이 발생할 수 있다. 지금 시스템에서는 은행이 중간에서 거래를 검증함으로써 이를 방지하지만, 탈중앙화된 디지털 화폐 시스템에서는 꽤 복잡한 해결책이 필요하다.

사토시 나카모토는 비트코인 백서에서 이중지불 문제를 해결하기 위해 작업증명과 블록체인 기술을 제안했다. 블록체인은 모든 거래를 공개 분산 장부에 기록하며, 네트워크의 모든 참여자가 이를 검증한다. 작업증명은 채굴자들이 복잡한 수학 문제를 풀어야 새로운 블록을 생성할 수 있는 시스템이다.

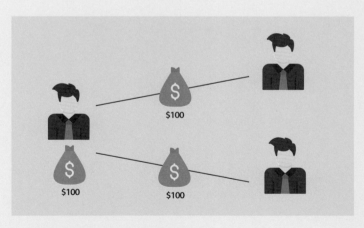

이중지불은 한 번 지불한 돈을 또 사용하는 것이다.

이 과정에서 채굴자들은 거래를 검증하고, 이를 블록에 포함시킨 후 블록체인에 추가한다. 이 과정을 통해 동일한 비트코인이 두 번 사용되지 않도록 한다.

디지털 화폐 시스템에서 이중지불 문제를 해결하는 데 작업증명과 블록체인 기술을 도입한 것은 전에 없던 획기적인 방법이다. 이것이 비트코인의 성공에 중요한 기여를 했다.

다른 코인과 비교불가,
차원이 다른 독보적 존재감

◆

비트코인은 다른 코인들과 비교할 수 있는 존재가 아니다. 수많은 알트코인(Altcoin)들 사이에서 독보적인 지위를 자랑한다. 가장 오래된 암호화폐이기 때문만은 아니다. 진정한 탈중앙화, 뛰어난 보안, 강력한 네트워크 효과, 입증된 역사, 압도적인 기술 우위, 높은 브랜드 인지도 그리고 엄청난 성장 가능성으로 인해 위치를 차지하고 있는 것이다. 트위터의 전 CEO 잭 도시(Jack Dorsey)는 2019년 2월 6일 트윗에서 "오직 BTC만을 보유하겠다."고 선언했다.

먼저, 비트코인의 역사를 살펴보자. 2009년 1월 3일, 사토시 나카모토라는 신비로운 인물이 처음으로 비트코인을 세상에 내놓았다. '제네시스 블록'을 생성하며 시작된 비트코인은 14년이 넘는 시간 동안 수많은 금융 위기와 기술적 도전에 직면했지만, 그 모든 것을 견뎌냈다. 2010년 5월 22

일, 피자 두 판을 구매한 사건은 비트코인의 실용성을 증명한 첫 번째 사례로 기록된다. 당시 1만 비트코인이 25달러의 피자 두 판으로 교환되었으며, 이는 오늘날의 가치로 수억 달러에 해당한다. 이 에피소드는 비트코인의 실용성을 증명한 동시에, 그 가치를 급상승시키는 기폭제가 되었다.

비트코인은 다른 코인들과 달리, 관장하는 중앙 자체가 없는 진정한 탈중앙화 네트워크를 구축하고 있다. 이는 모든 거래가 분산된 방식으로 처리되어 어떤 개인이나 조직도 비트코인을 조작하거나 탈취할 수 없다는 것을 의미한다. 다른 코인들은 대부분 특정 회사나 주체가 중앙 서버와 개발자 팀을 두고 운영하고 있으며, 이는 시스템의 취약성을 야기할 수 있다. 예를 들어, 이더리움은 2016년 해킹 사건으로 인해 수백억 달러 규모의 피해를 입었다.

기술적 우위도 빼놓을 수 없다. 비트코인은 블록체인 기술을 바탕으로 모든 거래를 투명하게 기록하며, 누구나 이를 확인할 수 있다. 블록체인 기술은 비트코인의 거래 내역을 불변하게 만들며, 이로 인해 비트코인은 높은 보안성을 자랑한다. 비트코인은 SHA-256 알고리즘과 암호화 해시 함수를 사용하여 거래를 보호한다. 이는 현재까지 해독되지 않은 가장 안전한 암호화 기술 중 하나이며, 비트코인 거래를 위조하거나 해킹하는 것을 사실상 불가능하게 만든다. 이에 비해, 많은 다른 코인들은 비트코인보다 낮은 수준의 암호화 기술을 사용하고 있다.

비트코인은 네트워크 효과를 통해 가치를 더욱 높여나가는 특징을 가지고 있다. 사용자 수가 증가할수록 네트워크의 가치와 유용성이 함께 증가하며, 이는 더 많은 사람들이 비트코인을 사용하게 만드는 선순환을 형성한다. 다른 코인들은 네트워크 효과가 미약하거나 전혀 존재하지 않아 사용자 수가 감소하면서 가치가 급격히 하락한 경험이 있다.

비트코인의 신뢰성 역시 중요한 요소다. 수많은 알트코인이 우후죽순 등장했지만, 대부분은 비트코인의 신뢰성을 따라잡지 못했다. 비트코인은 세계 각국의 규제 속에서도 그 가치를 유지해왔다. 2020년, 유명한 투자자 폴 튜더 존스(Paul Tudor Jones)는 비트코인을 '디지털 금'이라고 부르며, 자신의 포트폴리오의 일부를 비트코인에 투자했다. 이러한 신뢰성 덕분에 많은 투자자들이 비트코인을 선호하게 되었다.

비트코인의 도미넌스(Dominance)도 그 특별한 지위를 증명한다. 도미넌스는 전체 암호화폐 시장에서 비트코인이 차지하는 비율을 나타낸다. 2024년 5월 기준, 비트코인의 시장 점유율은 약 47%로, 전체 암호화폐의 절반을 차지하고 있다. 이는 다른 어떤 코인보다도 훨씬 높은 수치이며, 비트코인의 독보적인 지위를 명확하게 보여주는 지표이다.

- 비트코인: 47.2%
- 이더리움: 18.5%
- 테더: 7.8%
- 바이낸스 코인: 4.6%
- USD코인: 3.4%

비트코인은 여러 나라에서 법정통화 채택 움직임을 보이고 있다. 예를 들어, 엘살바도르는 2021년 비트코인을 세계 최초로 법정통화로 채택하고, 1,030만 달러 규모의 비트코인을 사들이면서 세계적으로 큰 주목을 받았다. 살인적인 인플레에 허덕이는 아르헨티나도 채택을 검토하고 있다. 하비에르 밀레이 아르헨티나 대통령은 "비트코인은 화폐 문제를 해결하기 위한 발명품으로 기존 화폐의 대안이 될 수 있다."고 강조할 만큼 가상자산에 우호적이다. 이 밖에 브라질은 2022년 비트코인 결제를 허용하는 법안이 의회를 통과했고, 브라질 최대 은행 '이타우 우니방코'가 비트코인 기반의 가상자산 거래 서비스를 시작하는 등 국가 차원에서 가상자산에 빠르게 적응하는 모습이다.

결론적으로, 비트코인은 그 역사적 가치, 기술적 우위, 신뢰성, 도미넌스 등 다양한 이유로 다른 암호화폐들과 비교할 수 없는 독보적인 존재다. 비트코인은 단순한 디지털 화폐를 넘어, 글로벌 경제와 금융 시스템을 혁신할 수 있는 강력한 도구로 자리매김하고 있다. 비트코인은 그 가치를 인정받아 앞으로도 지속적인 성장을 이어갈 것으로 예상된다.

가상자산 시장 점유율(도미넌스)

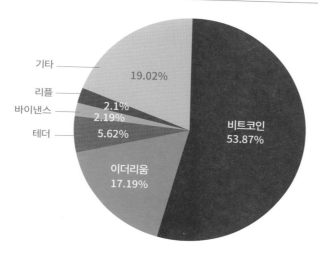

출처 : 코인마켓랩

2023년 12월 6일 비트코인 도미넌스는 전체 코인마켓의 절반을 웃돌았다.

알트코인

알트코인들. Alternative Coin은 비트코인 대체 코인으로 비트코인을 제외한 모든 코인을 지칭한다.

#5. 채굴의 원리

비트코인 채굴이란 무엇일까? 채굴은 새로운 비트코인을 생성하고 거래를 검증하는 과정이다. 종종 금을 캐는 것에 비유되지만, 진짜 땅을 파는 것은 아니다. 실제로는 고성능 컴퓨터를 사용해 복잡한 수학 문제를 푸는 일이다. 채굴자들은 문제를 해결해 블록을 생성하고 이를 블록체인에 추가한다. 이 과정에서 거래가 검증되고, 새로운 비트코인이 채굴자에게 보상으로 주어진다. 비트코인 네트워크 유지를 위해 없어서는 안 될 '일개미' 역할을 하는 것이 바로 이 채굴(채굴자)이다.

비트코인 채굴은 2009년 1월 3일, 사토시 나카모토가 최초의 비트코인 블록인 '제네시스 블록'을 채굴하면서 시작되었다. 채굴자들은 블록체인 네트워크에 연결된 컴퓨터를 사용해 수학 문제를 푼다. 문제를 해결하면 새로운 블록이 추가되고, 채굴자는 비트코인을 보상으로 받는다. 2024년 4월 네 번째 반감기 이후 채굴 보상은 블록 당 3.125 비트코인(BTC)이다. 사토시가 채굴할 당시에는 블록 당 50 비트코인이었다. 반감기는 채굴 보상이 절반으로 줄어드는 이벤트로, 비트코인의 희소성을 높이는 중요한 역할을 한다.

채굴자는 컴퓨터로 SHA-256 해시 함수를 반복 실행해 특정 조건을 만족하는 해시 값을 찾아야 한다. 이 과정에는 엄청난 계산 능력이 필요하며, 고성능 컴퓨터가 필수적이다. 채굴 난이도는 네트워크의 전체 해시레이트에 따라 조정된다. 예를 들어, 2013년 초 비트코인의 해시레이트는 약 22 테라해시/초였지만, 2024년에는 약 150 엑사해시/초로 680만 배 이상 급증했다. 이는

ASIC 채굴기. CPU나 GPU 채굴기들에 비해 성능이 압도적이다.

대규모 채굴장비가 들어찬 채굴장.

네트워크 보안성을 높이는 동시에, 채굴 경쟁이 엄청나게 치열해졌음을 의미한다.

비트코인 채굴의 매력은 바로 보상에 있다. 초기에는 누구나 개인 컴퓨터로 채굴할 수 있었지만, 시간이 지남에 따라 난이도가 증가하면서 고성능 ASIC 채굴기가 필요해졌다. 이러한 장비는 매우 비싸고 많은 전력을 소비하지만, 많은 사람들이 비트코인을 얻기 위해 뛰어든다.

채굴은 비트코인 네트워크에 없어서는 안 될 필수 요소다. 채굴(자) 없는 비트코인은 존재 자체가 불가능하다.

비트코인 1개는 결국 100억이 될 것이기 때문이다

비트코인 1개의 가치가 100억 원에 이를 것이라는 전망은 과연 현실적일까? 단순히 투자 대상을 넘어, 비트코인은 장기적으로 엄청난 가치 상승을 기대하게 하는 다양한 요인들이 존재한다. 강력한 선순환 사이클, 멱법칙(파워 법칙), 그리고 세계적인 기관 투자자들의 대규모 시장 유입은 비트코인의 가격을 지속적으로 끌어올리는 동력으로 작용한다. 또한, 비트코인의 희소성과 디지털 금으로서의 특성은 그 가치를 극대화할 잠재력을 지니고 있다. 이 장에서는 비트코인의 가격 상승을 주도하는 요인들과 미래 경제 환경을 통해, 이 예측이 단순한 공상이 아닌 근거 있는 가능성임을 탐구한다. 비트코인이 단순한 가상 자산을 넘어 미래의 경제 패러다임을 어떻게 바꿀지 함께 확인해보자.

100억을 예상하는
사람들

✦

비트코인의 미래 가격에 대한 예측은 전문가와 투자자들 사이에서 매우 흥미로운 주제다. 특히, 비트코인이 100억 원에 도달할 것이라는 주장은 많은 사람들의 호기심을 자극한다. 이 예측은 빈말이나 공상이 아니다. 여러 전문가와 투자자들은 비트코인의 가격이 천문학적으로 상승할 가능성을 진지하게 고려하고 있으며, 그들 중에는 유명한 경제학자, 투자자, 분석가들이 포함되어 있다. 이들의 주장은 구체적인 수치와 데이터를 기반으로 한 논리적인 예측에 근거하고 있다.

2010년대 초반, 비트코인은 몇 센트에 불과했으나, 시간이 지나면서 급격히 상승했다. 2021년 4월, 처음으로 6만 달러를 돌파했을 때 마이크로스트래티지의 CEO 마이클 세일러는 비트코인의 잠재력을 높이 평가하며 대규모 투자를 결행했다. 그는 "비트코인은 디지털 금이며, 미래의 가치 저장 수단이다. 장기적으로 비트코인의 가격은 수백만 달러에 이를 것이다."라고 말했다.

한편, 플랜B라는 가명을 사용하는 암호화폐 분석가는 비트코인의 희소성을 강조하며 가격이 천문학적으로 상승할 것이라고 예측했다. 그는 자신의 스톡-투-플로우(S2F) 모델을 통해 비트코인의 가격이 가까운 시일 내 50만 달러에 도달할 가능성이 있다고 주장했다. 이 모델은 비트코인의 총 공급량이 제한되어 있는 점을 고려하여, 시간이 지남에 따라 희소성이 증가하고, 이에 따라 가격이 치솟을 것이라는 논리에 기반하고 있다. 실제로 플랜B는 2021년 비트코인의 가격이 6만 달러를 돌파할 것이라고 예측했고, 이는 정확히 적중했다.

아크인베스트의 CEO 캐시 우드 역시 비트코인의 잠재력을 높이 평가하며, "비트코인은 금보다 더 나은 가치 저장 수단이 될 것이다. 장기적으로 볼 때 비트코인의 가격은 380만 달러(약 51억 원)에 이를 것이다."라고 말했다. 이는 비트코인의 시장 규모가 2021년 약 1조 달러에서 2030년까지 약 50조 달러로 증가할 것이라는 계산에 근거한 예측이다.

2018년, 물리학자 조반니 산토스타시는 비트코인의 가격 상승을 멱법칙(파워 법칙)으로 예측했다. 그는 비트코인의 가격이 2045년까지 1,000만 달러(약 135억 원)에 도달할 것이라고 주장했다. 멱법칙은 자연 현상과 사회 현상을 설명하는 데 자주 사용되는데, 지진의 빈도와 강도, 은하계 내별들의 분포, 인구와 도시 규모의 관계 등 다양한 현상에서 발견된다. 이러한 패턴은 비트코인 시장에서도 적용될 수 있으며, 가격 변동과 거래량 등의 패턴을 분석하는 데 유용하다. 그의 주장과 이론에 대해서는 뒤에서 따로 이야기할 것이다.

한국을 대표하는 비트코인 이론가이자 초기 투자자인 오태민 작가는 비트코인의 가격이 10억 원, 나아가 100억 원까지 상승할 수 있다고 주장한다. 그는 비트코인이 금융권에서 은행 간 1일물 담보물로 사용될 경우, 이와 같은 높은 가격대에 도달할 가능성이 있다고 본다. 오 작가는 비트코인 차트를 로그 함수로 분석하면, 비트코인의 가격이 1달러, 10달러, 100달러, 1,000달러, 10,000달러, 100,000달러 하는 식의 지수적 상승을 해왔으며, 다음 단계는 100만 달러, 그 이후에는 1,000만 달러도 될 수 있다고 말한다.

비트코인의 가격 상승에 대한 예측은 때로는 매우 흥미로운 에피소드로 이어지기도 한다. 예를 들어, 2021년 2월 테슬라의 CEO 일론 머스크는 테슬라가 비트코인에 15억 달러를 투자했다고 발표했다. 이 소식이 전해지자마자 비트코인의 가격은 급격히 상승하여 3만9천 달러에서 하루 만에 4만5천 달러를 돌파했다. 일론 머스크는 이후에도 비트코인에 대한 지지를 공개적으로 표명하며, 비트코인의 가격 상승을 촉진하는 역할을 했다.

또한, 2020년 10월, 페이팔은 자사 플랫폼에서 비트코인 거래를 지원하겠다고 발표했다. 이 발표는 비트코인의 가격을 새로운 최고치로 끌어

오태민 작가

올리는 데 큰 역할을 했다. 페이팔 발표 이후, 비트코인의 가격은 한 달 만에 50% 상승했다. 이러한 사례들은 비트코인의 가격 상승이 단순한 예측에 그치지 않고, 실제로 시장에서 실현되고 있음을 보여준다.

비트코인 가격 100억 원 예측은 단순한 추측이 아니라, 비트코인의 독특한 특성과 시장의 동향을 분석한 결과이다. 비트코인은 중앙 기관의 통제를 받지 않는 탈중앙화된 디지털 통화로서, 인플레이션에 강한 특성을 가지고 있다. 최근 미국과 홍콩에서의 연이은 현물 ETF 승인과 기관 투자자들의 증가 등은 비트코인의 가격 상승을 촉진하는 중요한 요소로 작용하고 있다. 이러한 점들로 인해 비트코인의 미래 가치를 높이 평가하는 많은 전문가들과 투자자들이 이 예측을 지지하고 있다.

#6. 비트코인으로 인생을 바꾼 거장들

비트코인 투자는 많은 사람들에게 기회의 문을 열어주었다. 초창기 투자자들은 지금 억만장자가 되어 있고, 그들의 성공 이야기는 비트코인의 잠재력을 보여주는 생생한 증거다. 여기 몇 명의 투자 선구자들이 있다.

로저 버(Roger Ver) 1979~ (45세)

'비트코인 예수'라 불리는 로저 버는 비트코인 초기 투자자로서 엄청난 성공을 거두었다. 로저 버는 2011년 초에 비트코인을 처음 접하게 되었다. 당시 비트코인의 가격은 1달러도 되지 않았다. 그는 비트코인의 잠재력을 믿고 상당한 금액을 투자하기로 결심했다. 로저 버는 25만 달러를 투자해 약 40만 비트코인을 구매했다.

이 투자는 그의 미래를 완전히 바꿔 놓았다. 비트코인의 가격은 2013년 말에 1,000달러를 넘어서면서 급격히 상승했다. 2017년에는 가격이 20,000달러

'비트코인
예수'라 불리는
로저 버.

에 육박하면서 그의 비트코인 자산 가치는 천문학적으로 증가했다. 단순 계산으로도, 2017년 말 기준으로 로저 버가 보유한 비트코인의 가치는 약 10조 원이 넘었다.

2014년, 로저 버는 비트코인의 장기적인 잠재력을 더욱 확신하게 되면서, 자신의 대부분의 자산을 비트코인에 재투자했다. 그는 장차 비트코인의 가격이 10만 달러를 넘길 것이라고 예상하며, 계속해서 비트코인을 매수했다. 예측대로 비트코인의 가격은 2021년에 60,000달러를 넘어섰고, 2024년에 73,000달러까지 올랐다.

로저 버의 성공은 비트코인에 대한 선구적이고 예언자적인 믿음, 그리고 적극적인 투자가 만든 것이었다. 지금도 로저 버는 복음을 전파하듯 활발한 커뮤니티 활동을 이어가고 있다.

윙클보스 형제(Tyler and Cameron Winklevoss) 1981년~ (43세)

윙클보스 쌍둥이 형제는 비트코인 투자로 억만장자가 된 가장 유명한 인물이다. 이들은 하버드 대학 출신으로 페이스북 공동 창업자로 알려져 있지만, 2012년 비트코인에 투자하면서 새로운 삶의 전환점을 맞았다. 형제는 마크 저커버그에게 페이스북의 아이디어을 제공한 사람으로 인정받아 페이스북 주식을 받았다. 페이스북이 상장되자 형제의 주식 가치는 3,253억 원으로 급등했다. 이 중 일부를 팔아 비트코인을 구매했다.

2012년부터 조금씩 사기 시작했고, 비트코인 가격이 120달러이던 2013년 4월, 형제는 1,100만 달러를 투입해 약 10만 BTC를 구매했다. 이때만 해도 대량으로 살 수 있는 거래소도 없어서 비트코인 다량 보유자를 물색해서 일일이 흥정을 통해 구매했다고 한다. 2024년 3월 현재, 이들이 보유한 비트코

타일러와
카메론 윙클보
스 형제.

인은 우리 돈으로 약 10조 원에 해당한다.

윙클보스 형제는 비트코인에 대한 믿음과 장기 투자 전략으로 엄청난 수익을
거두었다. 그들이 구매하던 시기에 10만 BTC는 전체 발행된 비트코인의 약
1%에 해당하는 양이었다. 형제는 지금도 암호화폐 분야에서 중요한 역할을
하고 있다. 그들은 비트코인의 장기적 가치를 신뢰하며, 비트코인이 디지털
금으로 자리 잡을 것이라고 확신하고 있다.

우지한(吳忌寒) 1986~ (37세)

베이징대학 경제학과를 수석으로 졸업한 중국에서 손꼽히던 엘리트이자 사
모펀드 분석가였다. 2011년 초, 사토시 나카모토의 비트코인 백서를 처음 접
하고 그 가능성에 깊이 매료되었다. 그 백서를 중국어로 완역하였다. 비트코
인이 전통적인 금융 시스템의 한계를 극복할 수 있는 혁신적인 기술이라고
확신한 우지한은 비트코인 투자에 나서기로 결심했다. 전 재산 약 10만 위안
으로 2만 BTC를 구매하여 중국인 최초로 비트코인을 대량 구매한 개인투자
자가 되었다. 같은 시기, 인터넷 커뮤니티 '8비트'에서 그가 써내려간 이야기
들은 그가 컴퓨터 전공자가 아님에도 중국 IT계에서 빅이슈가 되었다. 2년 만

AMA WITH:
Wu Jihan
Co-founder of BITMAIN

우지한. 채굴기
ASIC을 개발
했다.

에 15만 배의 수익을 올려 우리 돈 2조 원의 자산가가 되었다.

그는 이후 채굴업에 뛰어들었고, 더 효율적인 채굴기인 ASIC을 개발하고, 채굴기 제조회사 비트메인을 만들었다. 비트메인은 빠르게 성장하여 곧 세계 최대의 채굴기 제조업체로 자리매김했다. 2018년에는 약 120억 달러의 매출을 기록하며, 우지한은 암호화폐 산업의 주요 인물로 떠올랐다. 우지한은 비트코인 투자 초기의 선구적인 통찰력과 전략적인 사업 운영을 통해 성공을 거둔 대표적인 인물이다.

마이클 세일러(Michael J. Saylor) 1965년~(59세)

열정적인 비트코인 지지자이자 비트맥시. 마이클 세일러는 비트코인 투자자로서 큰 성공을 거둔 인물 중 하나로 미국의 소프트웨어 기업 마이크로스트래티지의 CEO다. 비트코인 투자로 주목받기 시작했다. 그의 비트코인 투자 이야기는 2020년부터다. 당시 코로나 팬데믹으로 경제 불확실성이 커지면서, 그는 회사의 현금 보유 전략을 재고하게 되었다. 2020년 8월, 마이크로스트래티지는 처음으로 약 2억 5천만 달러를 투자해 21,454개의 비트코인을 구매했다. 이는 기업이 비트코인을 재무제표에 포함시키는 최초의 사례였다.

비트코인 구루
마이클 세일러.

이후 계속해서 비트코인을 추가 매수했다. 2020년 9월, 추가로 1만 6천 개의 비트코인을 구매했으며, 2021년 2월에는 약 10억 달러를 투자해 더 많은 비트코인을 매수했다. 그의 비트코인 투자 전략은 크게 성공하여, 현재 마이크로스트래티지는 17만 개 이상의 비트코인 보유를 통해 엄청난 자산 가치를 창출하게 되었다.

마이클 세일러는 비트코인의 열렬한 지지자로서, 비트코인의 미래와 잠재력을 적극적으로 홍보해왔다. 그는 다양한 미디어 채널을 통해 비트코인의 장점을 알리고, 이를 통해 더 많은 사람들이 비트코인에 투자하도록 장려했다. 특히, 그는 비트코인의 기술적 측면뿐만 아니라 경제적, 철학적 측면을 강조한다. 그의 수많은 명언들은 비트코인의 가치를 이해하는 데 큰 도움이 되며, 커뮤니티에서 영향력은 매우 크다.

1. "비트코인은 디지털 금이다. 가치가 저장되고 전송되는 가장 효율적이고 안전한 방법이다."
2. "비트코인은 인류 역사상 가장 강력한 자산이며, 금융을 근본적으로 변화시킬 것이다."

3. "비트코인을 보유하지 않는 것은 인터넷이 출현했을 때 이메일을 사용하지 않는 것과 같다. 미래의 경제는 비트코인 위에 구축될 것이다."
4. "비트코인은 디지털 자산의 왕이다. 모든 다른 자산과 비교할 때 독보적인 위치에 있다."
5. "비트코인을 구매하는 것은 경제적 자유를 확보하는 것이다. 인플레로부터 자산을 보호하고 미래의 부를 보장하는 방법이다."

가격을 끌어올리는
강력한 힘,
선순환 사이클

◆

비트코인의 가격 상승을 이해하려면, 그 뒤에 숨은 강력한 선순환 사이클을 알아야 한다. 비트코인의 선순환 사이클은 수요와 공급, 보안성, 시장의 관심 등이 서로 맞물려 작동하면서 비트코인의 가격을 끊임없이 끌어올린다. 이 선순환 구조는 비트코인이 다른 자산들과 차별화되는 굉장히 중요한 요소다.

첫째, 비트코인의 가격이 상승하면 더 많은 사람들이 비트코인에 관심을 가지게 된다. 이 관심은 자연스럽게 비트코인에 대한 수요 증가로 이어진다. 예를 들어, 2020년 12월 비트코인 가격이 2만 달러를 돌파하자, 전 세계의 투자자들이 비트코인 시장에 몰려들었다. 비트코인의 수요는 급증했고, 가격은 더욱 가파르게 상승했다. 가격이 상승할 때마다 새로운 투자자들이 시장에 진입하면서 수요가 폭발적으로 증가한다. 이는 다시 가격 상승의 강력한 촉매제가 된다.

둘째, 비트코인에 대한 수요가 증가하면 더 많은 채굴자들이 네트워크에 참여하게 된다. 비트코인 채굴은 복잡한 수학 문제를 해결해 새로운 블록을 생성하는 과정인데, 채굴자들은 이 과정을 통해 비트코인을 보상으로 받는다. 2021년 초, 전체 네트워크에 동원된 컴퓨터 연산력의 합을 나타내는 비트코인의 해시레이트가 사상 최고치를 기록했으며, 이는 네트워크의 보안을 강화하는 데 기여했다. 강력한 보안성은 비트코인에 대한 신뢰를 높이고, 이는 다시 수요 증가로 이어진다. 비트코인의 채굴 경쟁이 치열해질수록 네트워크의 보안은 더욱 튼튼해진다.

셋째, 강력한 보안성과 완벽한 투명성은 비트코인의 가치를 더욱 높인다. 비트코인은 분산 원장 기술을 기반으로 하여 모든 거래가 블록체인에 기록된다. 이는 해킹이나 부정 행위를 방지하고, 거래의 투명성을 보장한다. 예를 들면, 2021년 5월 발생한 '콜로니얼 파이프라인 해킹' 사건에서 해커들이 받은 비트코인은 블록체인을 통해 추적되었고, 결국 일부 자산이 회수되었다. 이 사건은 비트코인의 보안성을 증명하는 중요한 사례다. 블록체인 기술 덕분에 비트코인의 모든 거래 내역은 투명하게 공개되고, 누구나 이를 확인할 수 있다.

넷째, 비트코인의 가격 상승은 주류 미디어와 소셜 미디어를 통해 더욱 확산된다. 유명 인사들의 비트코인 투자 소식은 언제나 대중의 관심을 끌었고, 이는 추가적인 수요를 창출한다. 트위터 CEO 잭 도시는 비트코인의 열렬한 지지자 중 한 명이다. 그는 2017년부터 비트코인을 지속적으로 홍보해왔으며, 그의 결제 회사 스퀘어(Square)는 2020년 10월에 4,709 BTC, 당시 약 5,000만 달러 상당의 비트코인을 구매했다. 이러한 유명 인사들의 활동은 비트코인의 대중적 인식을 높이고, 시장의 수요를 자극하는 데 중요한 역할을 한다.

다섯째, 기관 투자자들의 참여는 비트코인의 가격 상승을 더욱 가속화한다. 2021년 10월, 미국 증권거래위원회(SEC)가 비트코인 선물 ETF를 승인하면서 비트코인 시장에 거대한 자금이 유입되었다. 기관 투자자들의 참여는 비트코인의 수요를 크게 증가시키고, 이는 다시 가격 상승으로 이어진다. 예를 들어, 피델리티, 블랙록, 그리고 반에크와 같은 거대 자산운용사들은 비트코인 ETF를 통해 막대한 자금을 비트코인 시장에 투입했다. 이로 인해 비트코인의 유동성은 더욱 높아지고, 시장 안정성도 강화되었다. 이런 가운데, 2024년 1월에는 현물 ETF까지 승인되어 출시되었으니, 거대한 자금이 비트코인 투자시장에 마구 쏟아져 들어오고 있는 상황이다.

결국, 비트코인의 선순환 사이클은 다양한 요소들이 상호작용하며 가격을 끌어올리는 구조다. 비트코인의 가격이 상승하면 더 많은 사람들이 관심을 가지고, 이는 수요 증가로 이어지며, 보안성과 투명성이 강화된다. 이러한 과정이 무한 반복되면서 비트코인은 더 단단해지고, 가격은 지속적으로 상승하는 것이다. 이러한 강력한 선순환 사이클은 비트코인이 다른 자산들과 차별되는 중요한 요소로, 미래에도 비트코인의 가격 상승을

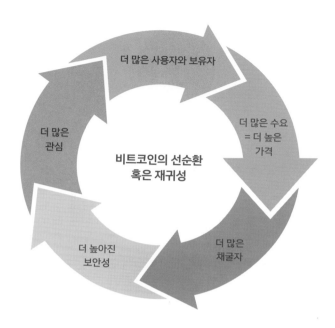

비트코인의 선순환. 비트코인은 한 가지 상황이 다른 상황에 영향을 주고 다시 다른 상황을 불러오면서 연쇄적으로 가격 상승이라는 결과로 이어진다.

이끌어갈 핵심 동력이다. 비트코인의 가격 상승은 단순한 투기적 요소가 아니라, 그 본질적인 특성과 구조적인 강점에 기인한다. 비트코인이 장기적으로 강력한 투자 가치를 지닌 자산으로 평가받는 이유이다.

10배씩 오른다,
멱법칙 성장 모델

◆

비트코인의 가격 상승을 설명하는 데 있어 멱법칙(Power Law)은 매우 중요한 개념이다. 멱법칙은 자연 현상이나 사회적 현상을 설명하는 데 사용되며, 비트코인의 가격 예측에도 적용할 수 있다. 이 법칙에 따르면 비트코인의 가격 상승은 점진적이 아닌 10배, 100배, 1,000배 등 지수적으로 이루어질 가능성이 크다.

비트코인의 멱법칙 성장 모델은 과거 사례를 통해 부분적으로 입증되었다. 2011년 비트코인의 가격은 1달러였지만, 같은 해 10달러를 돌파하며 10배 상승했다. 2013년에는 100달러를 돌파하며 100배 이상 상승했다. 2017년에는 1,000달러에서 20,000달러까지 급등하며, 또다시 멱법칙의 힘을 보여주었다. 2021년 4월, 비트코인은 사상 처음으로 60,000달러를 넘어섰고, 이는 2011년 1달러에서 불과 10년 만에 60,000배 상승한 셈이다. 이러한 상승 패턴은 결코 우연이 아니며, 멱법칙으로 설명될 수 있다.

멱법칙은 주로 자연 현상이나 사회적 현상을 설명하는 이론으로, 지진의 강도와 발생 빈도, 도시의 인구와 도시의 수, 소득 분포와 개인의 소득 등이 멱법칙을 따른다. 비트코인 시장에서도 멱법칙이 적용될 수 있으며, 이는 가격 변동과 거래량 등의 패턴을 분석하는 데 유용하다. 비트코인의 멱법칙 성장 모델은 가격이 단순히 선형적으로 증가하는 것이 아니라, 지수적으로 증가할 수 있음을 시사한다.

2018년, 물리학자 조반니 산토스타시(Giovanni Santostasi)는 비트코인의 가격 상승을 멱법칙으로 예측했다. 그는 비트코인의 가격이 2045년까지 1,000만 달러(약 135억 원)에 도달할 것이라고 주장했다. 그의 모델에 따르면 비트코인은 2026년 1월에 21만 달러까지 상승했다가 곧 6만 달러로 하락할 수 있다. 그러나 장기적으로 볼 때, 비트코인의 가격은 꾸준히 상승할 것으로 예측되었다.

전문가들의 의견도 이를 뒷받침한다. 유명한 투자자이자 마이크로스트래티지의 CEO 마이클 세일러는 "비트코인은 장기적으로 그 가치가 수백만 달러에 이를 것"이라고 말했다. 그는 2020년부터 비트코인에 적극적으로 투자해왔으며, 현재까지 약 17만 개 이상의 비트코인을 보유하고 있다. 세일러의 예측은 비트코인의 희소성과 디지털 자산으로서의 특성을 강조한 것이며, 멱법칙과 일맥상통한다.

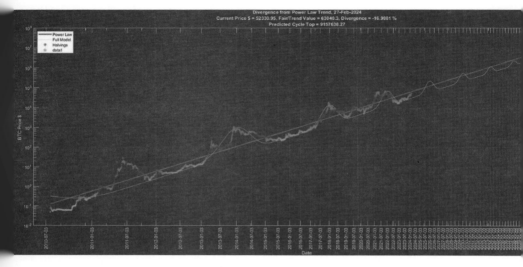

멱법칙으로 살펴본 비트코인 가격 추이. 시간 경과에 따라 가격이 기하급수적으로 증가한다. 좌측 세로 축의 단위는 한 눈금이 10의 배수로 올라간다는 점에 주목하자.

경제학자 사이먼 딕슨(Simon Dixon) 또한 비트코인의 멱법칙 성장 모델이 장기적으로 신뢰할 수 있는 예측 도구라고 주장한다. 그는 "비트코인은 다른 자산들과 달리 그 성장 패턴이 지수적이다. 이는 멱법칙에 의해 설명되며, 비트코인이 미래에도 지속적으로 가치가 상승할 것이라는 강력한 신호"라고 말했다. 딕슨의 분석에 따르면, 비트코인의 멱법칙적 성장은 그 희소성과 탈중앙화된 특성에서 기인한다.

비트코인의 멱법칙 성장 모델은 그 가격 상승을 설명하는 데 중요한 역할을 한다. 비트코인은 희소성과 수요 증가, 보안성과 투명성, 기대 가치 등 다양한 요소가 맞물려 현재까지 지수적 성장을 이뤄냈다. 예측과 데이터 분석을 통해, 전문가들은 비트코인의 멱법칙적 성장은 앞으로도 계속될 것이라고 전망한다. 이러한 멱법칙 성장 모델은 비트코인이 미래의 경제 시스템에서 중요한 역할을 할 것이라는 강력한 신호이다.

가격을 예측하는
몇 가지 방법

◆

비트코인의 가격 예측에서 가장 많이 언급되는 모델 중 하나는 플랜B
의 **S2F(Stock-to-Flow) 모델**이다. 플랜B는 익명의 네덜란드 투자자로, 비
트코인의 희소성을 기반으로 가격을 예측하는 S2F 모델을 개발했다. 이
모델은 금, 은 같은 희소 자산의 가격을 예측하는 데 사용되던 방식을 비
트코인에 적용한 것으로, 비트코인의 가격 변동을 설명하는 데 매우 설득
력이 있다.

플랜B의 S2F 모델은 2019년 3월에 처음 발표되었다. 이 모델은 비트
코인의 총 발행량(Stock)과 연간 생산량(Flow)의 비율을 통해 비트코인의
희소성을 측정한다. S2F 비율이 높을수록 자산이 희소하며, 그만큼 높은
가치를 지니게 된다. 플랜B는 비트코인의 S2F 비율이 시간이 지남에 따
라 점점 높아지면서 가격이 상승할 것이라고 예측했다. 이 모델에 따르

면, 비트코인의 희소성은 금보다도 높다. 금의 S2F 비율은 약 62로, 이는 연간 생산량 대비 누적 총량이 62배임을 의미한다. 반면, 비트코인의 S2F 비율은 지난 반감기 이후 급격히 상승하여 2024년 6월 현재 약 120에 이른 것으로 보인다. 이는 비트코인이 금보다 두 배 이상 희소한 자산이 될 것임을 나타낸다.

플랜B는 자신의 S2F 모델을 통해 비트코인 가격이 2024년 이후 288,000달러에 이를 것으로 예측했다. 이러한 예측은 그냥 희망사항이 아니라, 과거 데이터와 시장 흐름을 바탕으로 한 것이다. 실제로, 플랜B의 모델은 2019년 이후 비트코인 가격 변동을 정확히 맞춰왔으며, 이는 많은 투자자들에게 신뢰를 주고 있다.

전문가들도 플랜B의 S2F 모델에 대해 긍정적인 평가를 내놓고 있다. 암호화폐 분석가인 윌리 우(Willy Woo)는 "플랜B의 S2F 모델은 비트코인의 희소성을 기반으로 가격을 예측하는 가장 신뢰할 수 있는 모델 중 하나다. 이는 비트코인의 장기적인 가격 상승을 설명하는 데 중요한 역할을 한다."고 말했다. 또한, 투자 전문가 린 알든(Lyn Alden)은 "비트코인의 희소성과 수요 증가가 S2F 모델을 통해 잘 설명된다. 이는 비트코인의 가격이 지속적으로 상승할 것이라는 강력한 신호."라고 언급했다.

또 다른 중요한 예측 모델로는 **메트칼프의 법칙(Metcalfe's Law)**이 있다. 네트워크의 규모가 커짐에 따라 그 비용의 증가는 점차 줄어들지만 네트워크의 가치는 기하급수적으로 증가한다는 법칙을 말한다. 네트워크

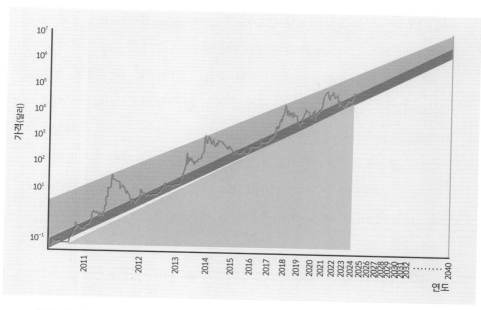

비트코인 가격의 지수적 성장을 보여주는 멱법칙 성장 모델. 시간 경과에 따라 가격이 지수적으로 증가한다.

메트칼프의 법칙

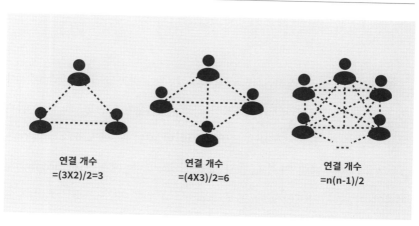

연결 개수
=(3X2)/2=3

연결 개수
=(4X3)/2=6

연결 개수
=n(n-1)/2

네트워크의 규모가 n이면 접속 가능한 경우의 수는 n(n-1) 네트워크의 가치는 그 네트워크에 참여하는 사용자 수의 제곱에 비례한다.

의 규모가 n이면 접속 가능한 경우의 수는 n(n-1)로 계산된다. 이처럼 네트워크가 커지고 네트워크에 연결된 사용자 수가 늘어 갈수록 가치가 급격히 높아지는 현상을 '네트워크 효과'라고도 한다. 이는 페이스북, 트위터(X)와 같은 소셜 네트워크의 성장과 가치 평가에 자주 사용된다. 비트코인도 마찬가지로, 네트워크 사용자가 증가할수록 그 가치는 기하급수적으로 상승할 수 있다. 실제로 비트코인의 가격은 사용자의 증가와 함께 꾸준히 상승해왔다. 2021년, 비트코인의 활성 지갑 수는 3,500만 개를 넘어섰고, 이는 비트코인의 가격 상승에 중요한 역할을 했다.

레이 커즈와일(Ray Kurzweil)의 **특이점(Singularity) 이론**도 비트코인의 가격 상승에 대한 기대감을 높이는 데 기여한다. 커즈와일은 인공지능과 같은 기술이 기하급수적으로 발전을 거듭하면서 인간의 능력을 초월하는 순간을 기술적 특이점이라고 정의했다. 비트코인은 블록체인 기술의 발전과 함께 디지털 자산으로서의 특이점을 맞이할 가능성이 있다. 이는 비트코인의 가치를 급격히 상승시키는 요인이 될 수 있다.

하이퍼웨이브 이론(Hyperwave Theory) 역시 비트코인의 가격 예측에 중요한 역할을 한다. 이 이론은 자산 가격이 급격히 상승한 후, 다시 급락하는 패턴을 설명하는데, 비트코인은 이러한 패턴을 여러 차례 경험했다. 2017년과 2021년의 가격 급등과 급락이 그 예다. 하지만 하이퍼웨이브 이론에 따르면, 이러한 급락 이후에도 비트코인의 가격은 장기적으로 상승할 가능성이 크다.

비트코인의 미래 가격 예측에는 여전히 많은 변수가 존재하지만, 플랜B의 S2F 모델은 비트코인의 희소성과 수요 증가를 기반으로 한 강력한 예측 도구임을 입증했다. 이 모델은 비트코인이 단순한 디지털 자산을 넘어 새로운 형태의 가치 저장 수단으로 자리매김할 가능성을 보여준다. S2F 모델을 통한 비트코인의 미래 예측은 데이터와 분석을 기반으로 한 매우 과학적이고 합리적이다. 이를 참고하여 자신의 투자 전략을 모색하는 것도 좋은 방법이다. 비트코인은 그 희소성 덕분에 장기적인 가격 상승을 기대할 수 있는 강력한 자산임을 확인할 수 있다.

거대 자금이
몰려온다!

◆

    비트코인의 가격 상승을 견인하는 중요한 요인 중 하나는 거대 자금의 유입이다. 이는 2024년 미국과 홍콩의 연이은 현물 ETF 승인, 연기금과 펀드, 기관투자자들의 참여, 그리고 거대 기업들의 투자가 결합된 결과다. 이러한 자금의 유입은 비트코인 시장에 새로운 활력을 불어넣으며, 가격 상승의 중요한 동력으로 작용하고 있다. 여기서 다시, 잊지 말아야 할 것은 비트코인은 다 합쳐야 2,100만 개밖에 없다는 사실이다.

    먼저, 미국과 홍콩의 현물 ETF 승인에 대해 살펴보자. 2021년 10월, 미국 증권거래위원회(SEC)는 최초로 비트코인 선물 ETF를 승인했다. 미국의 거대 자산운용사 프로셰어스의 비트코인 ETF(BITO)는 출시 첫날에만 10억 달러의 거래량을 기록하며 큰 화제를 모았다. 이는 비트코인 시장에 어마어마한 영향을 끼쳤다. 2024년 1월, SEC는 마침내 비트코인 현물 ETF를 승인하며, 투자자들이 간편하게 비트코인에 직접 투자할 수 있는 길을 열었다. 이로 인해, 더 많은 기관 투자자들이 비트코인에 접근할 수 있게 되었고, 이는 비트코인 가격에 다시 큰 영향을 미쳤다. 연이어 2024년 4월, 홍콩 증권거래소에서도 비트코인 현물 ETF가 승인되면서, 아시아 시장에서도 비트코인 투자가 활발해질 조짐을 보인다.

연기금과 펀드의 비트코인 투자 또한 중요한 요소이다. 2023년, 노르웨이 정부 연기금인 글로벌 연기금(GPFG)은 투자 포트폴리오의 일부로 비트코인을 포함시키겠다고 발표했다. 2024년 초, 캘리포니아 공무원 연금제도(CalPERS)가 비트코인을 포트폴리오에 포함시키기로 결정했고, 이는 다른 연기금에도 큰 영향을 미쳤다. 캐나다의 퀘벡주 공무원 연금(QPP)은 1억7천만 달러 상당의 비트코인을 매수했으며, 노르웨이의 오일 펀드(Government Pension Fund Global)도 비트코인에 투자했다. 비트코인 전문가 (전)세종대 홍익희 교수에 따르면, 2024년 6월 현재, 약 844개 연기금과 투자기관들이 포트폴리오 편입에 참여하고 있다고 한다. 연기금과 펀드는 막대한 자금을 운용하며, 안정적인 수익을 추구하기 때문에 이러한 움직임은 비트코인에 대한 신뢰도를 높이고, 장기적인 투자 수단으로서의 매력을 부각시키는 효과가 있다.

2021년 3월, 세계 최대 자산운용사 블랙록(BlackRock)은 비트코인을 투자 자산으로 고려 중이라고 발표했고, 이후 많은 투자를 실제 진행했다. 2024년 현물 ETF 상품도 빠르게 출시했다. 2022년, 피델리티(Fidelity)와 벤가드(Vanguard) 같은 대형 자산운용사들도 비트코인에 대한 투자 전략을 공개했다. 피델리티는 비트코인 펀드를 출시하여 기관투자자들에게 새로운 투자 기회를 제공했다. 2023년 10월, 그레이스케일(Grayscale)의 비트코인 신탁(GBTC)은 300억 달러 이상의 자산을 보유하고 있으며, 이는 기관투자자들이 비트코인에 대한 관심을 지속적으로 가지고 있음을 보여준다.

큰 기업들의 투자 참여는 비트코인 가격 상승에 중요한 역할을 했다. 2020년 마이크로스트래티지의 비트코인 투자 결정과 2021년 테슬라의 투자 발표는 다른 기업들에게 큰 자극을 주었다. 트위터의 공동 창업자인 잭 도시가 설립한 블록(Block)도 비트코인을 포트폴리오에 포함시켰고, 2021년 글로벌 보험사 매스뮤추얼은 비트코인에 1억 달러를 투자했다. 이러한 움직임들은 비트코인에 대한 대중의 관심을 높이고, 시장의 신뢰를 강화하는 데 크게 기여했다.

비트코인의 고정된 공급량은 거대 자금 유입을 촉진하는 핵심 요인이다. 비트코인은 발행량이 고정되어 있어 인플레이션의 영향을 받지 않는 디지털 자산으로서 높은 가치를 지닌다. 이러한 희소성 덕분에 대규모 자금이 앞다투어 비트코인에 투자하고 있다. 2024년 4월, 네 번째 반감기가 발생하면서 채굴 보상은 블록당 6.25 BTC에서 3.125 BTC로 줄어들었다. 이로 인해 비트코인의 희소성은 더욱 강화되었고, 투자자들의 조급증을 부추기며 가격 상승을 촉발했다. 한정된 자산을 선점하려는 움직임은 비트코인의 장기적인 가치 상승에 긍정적인 영향을 미치고 있다.

비트코인 시장에 거대 자금이 유입되면서, 비트코인의 가격은 꾸준히 상승하고 있다. 이는 비트코인의 희소성과 수요 증가, 그리고 거대 자금의 유입이 결합된 결과이다. 앞으로도 더 많은 연기금, 펀드, 기관 투자자들이 비트코인 시장에 참여할 것으로 예상되며, 매입 경쟁은 더욱 치열해질 것이다. 이는 비트코인의 시장 성숙도와 신뢰성을 높이며, 장기적인 가격 상승을 더욱 견고하게 만들 것이다.

비트코인 보유량 TOP 10 (2024년 1월 기준)

순위	보유처(자)	보유 수량	평가 금액	비고
1	사토시 나카모토	110만 BTC	66조 이상	비트코인 창시자
2	바이낸스	64만 3546 BTC	38조	암호화폐 거래소
3	그레이스케일	62만 7779 BTC	37조	자산운용사
4	미국 정부	20만 7189 BTC	12.5조	
5	마운트 곡스	20만 BTC	12조	암호화폐 거래소(파산)
6	비트파이넥스	19만 6252 BTC	11.8조	암호화폐 거래소
7	중국 정부	19만 4000 BTC	11.7조	
8	마이크로스트래티지	17만 2800 BTC	10.4조	미국 IT기업
9	블랙원	14만 BTC	8.4조	
10	로빈후드	11만 8300 BTC	7조	암호화폐 거래소

단위: 원 / 평가금액: 1BTC= $ 45,000 / 환율: 1,340 적용

비트코인 보유 순위. 사토시가 110만 개로 1위, 미국 정부가 4위에 랭크되어 있다.

비트코인 보유 상위 10개 회사 (2024년 4월 현재)

순위	회사	국가	보유량(BTC)	총 발행량 대비(%)
1	마이크로스트래티지	미국	214,246	1.02
2	마라톤 디지털 홀딩스	미국	16,930	0.081
3	테슬라	미국	9,720	0.046
4	헛8	캐나다	9,110	0.043
5	코인베이스	미국	9,000	0.043
6	갤럭시 디지털 홀딩스	미국	8,100	0.039
7	라이엇 플랫폼스	미국	8,067	0.038
8	블록	미국	8,027	0.038
9	클린스팍	미국	4,128	0.02
10	비트코인 그룹	독일	3,830	0.018

비트맥시들의 예측,
그리고 주장과 응원

◆

　비트코인 생태계에서 가장 열정적인 지지자들을 '비트맥시(Bitcoin Maximalist)'라고 부른다. 이들은 비트코인이 단순한 투자 수단을 넘어 새로운 금융 패러다임을 제시할 것이라고 확신한다. 비트맥시들의 예측과 주장, 그리고 그들의 응원은 비트코인의 미래 가치를 높이는 데 중요한 역할을 하고 있다.

　비트코인 맥시멀리즘의 선구자 중 한 명은 할 피니(Hal Finney)다. 그는 채굴자 중 하나로, 사토시 나카모토와 직접 교류한 몇 안 되는 인물이다. 피니는 비트코인을 '디지털 금'으로 부르며 그 잠재력을 극찬했다. 그는 "비트코인은 탈중앙화된 통화로, 모든 사람에게 금융 자유를 제공할 것이다."라고 자신 있게 말했다. 그의 이러한 믿음은 현재 많은 비트맥시들에게 큰 영감을 준다.

마이크로스트래티지의 CEO인 마이클 세일러(Michael Saylor)는 비트코인 맥시멀리즘의 현대적 아이콘으로 꼽힌다. 그는 2020년 8월, 회사의 현금을 비트코인에 투자하겠다고 발표하며 약 4억 2,500만 달러 상당의 비트코인을 매입했다. 이후 세일러는 비트코인에 대한 강력한 지지 발언을 지속적으로 이어가고 있다. '비트코인 철학자'로도 불리는 그는 "인류 역사상 가장 중요한 자산이 될 것이고, 향후 수년 내에 수백만 달러에 다다를 것."이라고 예측했다.

트위터와 스퀘어(Square)의 공동 창립자이자 현재 블록(Block)의 CEO인 잭 도시(Jack Dorsey)는 비트코인에 대한 열렬한 지지자로 널리 알려져 있다. 그는 비트코인이 전 세계 금융 시스템을 혁신할 것이라고 믿는다. 2021년 2월, 스퀘어는 1억 7,000만 달러 상당의 비트코인을 매입했다. 잭 도시는 "세계는 궁극적으로 하나의 화폐를 가질 것이고 인터넷 역시 단일 화폐를 가질 것이다. 나는 개인적으로 그것이 비트코인이라고 생각한다."고 말했다. 그의 이러한 확신은 많은 사람들에게 큰 영향을 미쳤고, 비트코인의 인지도와 신뢰성을 높이는 데 기여했다.

베스트셀러 <부자 아빠 가난한 아빠>의 저자로 잘 알려진 로버트 기요사키는 최근 몇 년 동안 비트코인에 대한 지지와 발언으로 주목받고 있다. 기요사키는 비트코인을 금, 은과 함께 '신의 돈'이라고 부르며, 특히 미래의 경제적 불확실성과 정부의 통화 정책 실패에 대비하는 최고의 자산이라고 주장했다. 2020년 12월에는 비트코인의 가격이 향후 몇 년 내에

100,000달러에 이를 것이라고 예측하며, 비트코인 매수를 권장했다.

미국 프로농구 NBA 댈러스 매버릭스 구단주 마크 큐번(Mark Cuban)은 비트코인에 대한 적극적인 투자자로 알려져 있다. 그는 "비트코인은 투자 포트폴리오의 일부로 반드시 보유해야 하는 자산이고, 금보다 훨씬 매력적인 투자 대상이다. 비트코인은 미래의 지불 시스템으로 자리매김할 것이다."라고 말했다.

비트코인의 미래에 대한 긍정적인 전망은 비트맥시들뿐만 아니라 주요 금융 기관들에서도 나오고 있다. 투자은행 모건스탠리는 2021년 3월, 고객들에게 비트코인 펀드에 투자할 수 있는 기회를 제공하기 시작했다. 골드만 삭스 역시 비트코인 거래 데스크를 재개하며, 비트코인을 중요한 투자 자산으로 인정했다. 이러한 금융 기관들의 움직임은 비트코인의 가치를 더욱 강화시키고 있다.

비트맥시들의 예측과 주장은 단순히 가격 상승에 대한 기대를 넘어, 비트코인이 새로운 경제 시스템을 구축할 것이라는 믿음에 기반을 두고 있다. 캐시 우드(Cathie Wood) 아크인베스트 CEO는 "비트코인은 글로벌 금융 시스템의 변화를 이끌어갈 것이다."라고 말하며, 비트코인의 잠재력을 강조했다. 그녀는 비트코인의 가격이 장기적으로 380만 달러에 도달할 거라고 예측했다.

이처럼 비트맥시들의 예측과 주장은 비트코인의 미래를 밝게 보고, 그

억만장자 마이클 세일러. 한때 비트코인을 온라인 도박이라고 비난하던 사람이었다. 그러나 비트코인을 주의깊게 검토한 후 자신이 틀렸음을 인정하고 전 세계에서 가장 열렬한, 가장 영향력 있는 비트코인 옹호자가 되었다.

잠재력을 확신하는 데 있다. 그들의 확신과 응원은 비트코인의 신뢰성을 높이고, 더 많은 사람들이 비트코인에 투자하게 만든다. 비트코인의 희소성과 기술적 우위, 그리고 이러한 비트맥시들의 신앙에 가까운 열정적인 지지가 결합되어, 비트코인의 가치는 앞으로도 지속적으로 상승할 가능성이 크다. 이러한 이유로, 지금 당장 100만원으로 비트코인에 투자하는 것은 매우 현명한 선택이 될 것이다.

4장

지금이 가장 싸고,
시장에 매물이 없기
때문이다

비트코인의 현재 가격은 매력적이다. 다소 오르거나 내려도 마찬가지다. 많은 전문가들은 지금이 비트코인을 구매할 최적의 시기라고 말한다. 비트코인의 가격 변동 역사와 장기적인 우상향 추세가 이를 뒷받침하기 때문이다. 또한, 거래소의 신규 유입 추이와 활성 지갑의 급증은 비트코인에 대한 수요가 꾸준히 증가하고 있음을 보여준다. 반면, 비트코인의 공급은 반감기와 같은 요인들로 인해 점점 줄어들고 있다. 특히 거래소 매물이 줄어들고 있다. 이 장에서는 왜 지금의 비트코인 가격이 저렴하다는 것인지, 그리고 미래의 가치 상승 가능성에 대해 알아본다.

비트코인은
1970년 강남땅이다

◆

    비트코인을 1970년대 개발 직전 강남땅이라 말하는 것은 비트코인의 투자 잠재력을 강력하게 드러내는 비유다. 1970년대 초, 강남은 개발이 거의 되지 않은 한적한 시골 지역이었다. 그러나 정부의 강력한 개발 계획과 함께 대한민국의 경제 중심지로 변모했고, 그 땅값은 천문학적으로 상승했다. 비트코인도 이와 유사하게 초기에는 가치를 알아보는 사람들이 적었지만, 이제는 그 잠재력을 인정받으며 가파르게 상승하고 있다.

    2009년 사토시 나카모토가 비트코인을 처음 개발했을 때 가치가 0이었다. 17개월 후, 2010년 5월 22일, 초기 채굴자 라즐로 하니예츠가 10,000비트코인으로 두 판의 피자를 구입한 사건은 오늘날 '비트코인 피자 데이'로 기념되고 있다. 당시 1비트코인은 0.004달러 정도로 10,000비트코인을 합해봐야 약 4만 원에 불과했다. 그러나 현재 그 가치는 1조 원에 육박한다. 이는 비트코인이 얼마나 빠르게 가치가 상승했는지를 보여주는 대표적인 예이다.

50년 전 강남땅은 평당 5천 원에 불과했지만, 현재는 평당 5~10억 원을 호가한다. 무려 10만~20만 배가 오른 것이다. 강남땅처럼, 비트코인은 이미 초기 투자자들에게 엄청난 수익을 안겨주었다. 비트코인도 초기에는 몇 센트에 불과했고, 1달러까지 도달하는 데 2년이 걸렸지만, 지금은 2024년 3월 기준으로 비트코인 한 개의 가격은 73,000달러를 넘어섰다. 이는 우리 돈 약 1억에 해당하는 가치로, 10년 만에 7만 배가 뛰었다는 뜻이다. 비트코인의 놀라운 잠재력을 잘 보여준다. 이것이, 10년 후 비트코인 1개는 강남 아파트 한 채 값과 같아질 것이라고 예상하는 비트코인 전문가들이 점점 늘어나는 이유이다. 이와 관련, 한국 최고의 비트코인 전문가인 오태민 건국대 정보통신대학원 블록체인학과 교수는 "비트코인은 강남 아파트, 이더리움은 분당 아파트다."라고 강조한다. 그는 2014년 비트코인이 50만 원 할 때 다량 구입해 지금까지 보유하고 있는 것으로 알려져 있다.

삼성전자가 1975년 상장되었을 때 주가는 1,000원(총 300만 주)이었다. 지금 주가는 적게 잡아도 1,000배는 올랐다. 그때 100만 원어치 주식을 가졌다면, 지금 10억이 넘는 금액이다. 미국 주식 시장에서 가장 드라마틱한 상승을 보인 종목으로는 요즘 핫한 엔비디아가 있다. 1999년 12달러에 상장되었는데, 25년이 흐른 지금 3,755배 정도 상승하였다. 전기차 회사 테슬라도 눈에 띈다. 2010년 17달러이던 주가는 현재 1,000달러가 넘는다. 온라인쇼핑몰 아마존은 상장 가격에서 180배가 뛰었다. 이 모두 눈 밝은 사람에겐 엄청난 기회였던 셈이다. 마이크로소프트와 애플 역시 1980년대 소수의 기술 애호가들만이 주목했지만, 이후 전 세계를 지배하는 기술 대기업으로 성장했다.

이쯤에서, 시골의사로 유명한 박경철님의 'W를 찾아서' 에피소드를 소개해보자.

1993년, 종합병원 외과 전문의로 막 첫 출발을 한 박경철은, 어느 날 이상한 강연에 초대되어 자신의 백수 친구와 함께 참석하게 된다. 찢어진 청바지 차림의 괴짜 강연자는 'WWW 세상'이 곧 올 거라는 이상한 말을 떠들어댄다. 당시 인터넷은 매우 초창기였고, 그의 말은 모든 참석자들에게 황당무계한 헛소리로 들렸다. 하지만 그의 백수 친구는 강연자의 열정과 아이디어에서 뭔가 특별함을 느꼈다. 강연이 끝난 후, 백수 친구는 강연자를 쫓아가 W에 대해 꼬치꼬치 캐묻고 궁금증을 풀었다. 얼마 후, 친구는 W 관련 한국 최초의 상용 이메일 사업을 시작한다. 박경철은 친구의 '미친 짓'을 막으려 애썼지만, 결국 그 열정에 굴복하고 만다. 놀랍게도 백수 친구의 이메일 사업은 엄청난 성공을 거두었고, 나중에는 벤처지주사의 회장이 되었다.

백수 친구의 성공 이후, 박경철은 제레미 리프킨의 <엔트로피>라는 책에서 새로운 시각을 얻는다. 이 책은 인류 역사를 0.1%의 창의적인 사람과 0.9%의 통찰력 있는 사람들이 만들어간다고 설명한다.

0.1%의 창의적인 사람들이 세상을 바꿀 새로운 아이디어를 생각해 내고, 0.9%의 통찰력 있는 사람들은 그들의 아이디어를 이해하고 투자하며 성공시킨다. 나머지 99%의 사람들은 변화에 익숙하지 못하고 새로운 것을 거부하는 그냥 '유기물'(잉여인간)일 뿐이라는 이야기.

시간이 흘러 1996년, 주변 사람들의 비웃음에도 불구하고 박경철은 휴대폰 시장의 미래를 예측하고, 백수 친구의 성공과 리프킨의 책을 떠올리며, 모든 돈을 '한국통신주식회사' 주식에 투자한다. 당시 휴대폰은 아직 고가품이고 사용자가 극소수였지만, 박경철은 미래에는 모든 사람들이 휴대폰을 사용하게 될 것이라고 믿었다. 그의 예측은 맞았고, 박경철은 몇 년 만에 260배라는 엄청난 수익을 거두게 된다. 1억을 투자했다면 260억이 되었다는 말이다. (유튜브 동영상 '시골의사 박경철의 W를 찾아서' 발췌)

이 이야기에서 우리는 어떤 교훈을 얻어야 할까?

다시 강조하지만, 비트코인은 1970년대 강남땅과 20~30년 전 엔비디아, 아마존과 애플 주식처럼 초기 투자자들에게 엄청난 수익을 안겨줄 잠재력을 가지고 있다. 비트코인의 폭발적 성장은 이제 시작되었다. 점점 심화되는 희소성과 탈중앙화 특성, 그리고 대규모 투자자금 유입은 비트코인의 가치를 지속적으로 상승시키고 있다. 비트코인은 디지털 시대의 새로운 자산으로서, 장기적인 투자 가치가 충분한 것으로 보인다.

초기 투자자들에게 수백 배의 수익을 안겨준 빛나는 기업들

1970년대 강남.

#7. 김치 프리미엄

김치 프리미엄(Kimchi Premium)은 한국 암호화폐 시장에서 비트코인 등 암호화폐 가격이 해외 시장보다 현저히 높은 현상을 말한다. 흔히 약칭으로 '김프'라고 하고, '한국 프리미엄'으로도 불린다. 원인은 한마디로 국내의 높은 수요와 공급 부족 때문이다. 해외 차익거래(재정거래)가 막혀 있는 것도 원인이다.

① **높은 수요**: 한국 내 암호화폐에 대한 투자 열기가 높아지면서 수요가 급증했다. 특히 급격하게 수요가 쏠릴 때 발생한다.
② **공급 부족**: 한국은 높은 전기료로 암호화폐 채굴 활동이 적어 공급이 제한적이다. 이는 해외에서 수입해야 하는 상황을 초래해 가격 상승의 원인이 된다.
③ **시장 규제**: 정부의 암호화폐 규제와 자본 통제로 인해 해외 거래소 접근이 제한적이다.
④ **심리적 요인**: 암호화폐 가격이 상승할 때 기대감으로 투자자들이 더 높은 가격에 매수하려는 경향이 있다.

2018년 1월 비트코인의 가격이 한국에서 해외보다 50% 이상 높게 거래된 적도 있다. 이러한 프리미엄은 시장의 과열을 반영하며, 투자자들에게 추가적인 리스크 요인이 될 수 있다.

깜놀! 가격 폭등의
15년사

◆

비트코인의 놀라운 15년 역사를 연대기로 정리해보자.

- 2008년 10월 30일. 사토시 나카모토, 비트코인 백서(Bitcoin: A Peer-to-Peer Electronic Cash System) 발표
- 2009년 1월 3일. 사토시 나카모토, '제네시스 블록' 생성. 최초의 비트코인이 채굴되었다
- 2009년 10월 5일. 뉴 리버티 스탠다드, 비트코인의 첫 번째 환율 발표. 1달러는 1,309.03 비트코인
- 2009년 12월. 여전히 가격이 0.0001달러 수준을 벗어나지 못했다
- 2010년 5월 22일. 라즐로 하니예츠, 비트코인 10,000개로 피자 두 판을 구입. 비트코인이 처음으로 실물 경제에 사용되었다. 이때 비트코인의 가치는 약 0.004달러였다

- 2010년 7월. 마운트곡스(Mt. Gox) 거래소 설립. 비트코인 거래가 본격화되었다
- 2011년 2월 9일. 가격이 처음으로 1달러를 돌파했다
- 2011년 6월. 가격이 31달러로 급등했다가 다시 하락했다
- 2013년 3월. 가격이 처음으로 1,000달러를 돌파하면서 대중의 관심을 끌었다
- 2013년 10월. FBI가 '실크로드'라는 다크웹 마켓을 폐쇄하면서 비트코인의 불법적인 사용이 조명되었지만, 동시에 비트코인의 존재가 세상에 널리 알려지게 되었다
- 2013년 12월. 중국 정부가 금융기관의 비트코인 거래를 금지하면서 가격이 급락했다
- 2014년 2월. 마운트곡스 거래소가 해킹을 당해 파산 신청을 했다. 당시 85만 개의 비트코인이 도난당했다
- 2016년 7월. 두 번째 반감기가 발생하여 블록 보상이 25BTC에서 12.5BTC로 줄어들었다
- 2017년 1월. 며칠 사이 900달러에서 13,000달러까지 폭등과 급락이 이어졌다
- 2017년 12월. 19,000달러를 돌파하며 사상 최고치를 기록했다. 일본이 비트코인을 합법적 결제 수단으로 인정한 것이 영향을 미쳤다
- 2018년 1월. 17,000달러에서 3,000달러로 급락하였다
- 2019년 6월. 다시 10,000달러를 돌파했다
- 2020년 3월. 코로나 팬데믹 초기, 가격이 4,000달러까지 하락했으나, 연말에는 29,000달러를 돌파했다.

- 2020년 12월. 테슬라 CEO 일론 머스크가 비트코인을 지지하는 발언을 하면서 가격 상승에 큰 영향을 미쳤다

- 2021년 2월. 테슬라가 15억 달러 상당의 비트코인을 매입했다고 발표했다

- 2021년 4월. 비트코인의 시가총액이 1조 달러를 돌파하며 역사적인 순간을 맞이했다

- 2021년 11월. 가격이 69,000달러로 사상 최고치를 기록했다

- 2022년 5월. 엘살바도르가 비트코인을 법정통화로 채택했다

- 2023년 6월. 블랙록이 비트코인 ETF를 신청하며 기관투자자의 관심을 끌었다

- 2024년 1월. 미국 증권거래위원회의 비트코인 현물 ETF 승인이 이루어지면서 비트코인에 대한 기관 투자자들의 참여가 증가했다

- 2024년 3월. 가격이 73,000달러를 넘어섰다. 이는 초기 0.004달러와 비교했을 때 약 1,825만 배의 상승률을 기록한 것이다

- 2024년 4월. 홍콩 현물 ETF가 승인되어 중국 수요가 증가할 것으로 예상된다

- 2024년 6월. 현재 약 1,970만 개의 비트코인이 채굴되었으며, 이는 총 발행량 2,100만 개의 약 93.8%에 해당한다. 남은 130만 개는 앞으로 116년에 걸쳐 발행될 예정이다

장기적
우상향 구조

◆

비트코인은 장기적으로 우상향할 수밖에 없는 구조를 가진 독특한 자산이다. 이는 여러 가지 이유로 설명될 수 있다. 수요와 공급의 측면, 네트워크 효과, 접근성 향상, 지정학적 가치, 인플레이션과 양극화 심화, 전통 달러 시스템의 균열, 그리고 비트코인 네트워크의 탈중앙화 같은 요소들이 비트코인의 가치를 뒷받침하고 있다.

먼저, 수요와 공급 측면에서 비트코인의 독특한 특성을 살펴보자. 자본주의 경제에서는 상품의 가격이 공급과 수요의 상호작용에 의해 결정된다. 비트코인의 총 공급량은 2,100만 개로 정해져 있으며, 이 제한된 공급량은 비트코인의 가격을 상승시키는 중요한 요소이다. 이미 약 1,970만 개가 채굴되었으니 앞으로 남은 공급량은 130만 개에 불과하다. 비트코인의 인플레율은 현재 0.8%로, 이는 다른 자산에 비해 매우 낮은 수준이다. 반면, 비트코인의 수요는 지속적으로 증가하고 있다. 주식의 경우 가격이 상승하면 유상증자나 액면분할을 통해 공급이 늘어나는 경우가 많지만, 비트코인은 이러한 공급 증가가 불가능하다. 이는 비트코인의 가격 상승에 절대적으로 긍정적인 영향을 미친다.

또한, 비트코인은 네트워크 효과로 인해 더욱 강력한 가치를 지닌다. 네트워크 효과는 사용자가 많아질수록 네트워크의 가치가 기하급수적으로 증가하는 현상을 말한다. 피델리티의 비트코인 보고서에 따르면, 비트코인은 소셜 네트워크나 휴대폰 네트워크보다 더 강력한 네트워크 효과를 가질 것으로 예상된다. 금융 네트워크가 다른 어떤 것보다 더 강한 네트워크 효과를 발휘할 것이라는 점에서다. 네트워크 효과는 비트코인의 장기적 가치 상승을 지지하는 강력한 요인 중 하나이다. 저명한 애널리스트 윌리 우는 "2025년까지 비트코인 보유자가 세계적으로 10억 명에 이를 것이라며, 1997년부터 시작된 초기 인터넷의 성장세를 능가하는 기념비적인 도약"을 예상하고 있다.

비트코인의 접근성도 계속 좋아지고 있다. 최근 비트코인 현물 ETF가 출시되면서, 일반 개인뿐만 아니라 연기금과 같은 거대 기관 투자자들도 쉽게 비트코인에 접근할 수 있게 되었다. 이는 비트코인의 수요를 크게 증가시킬 수 있는 요인이다. 예를 들어, 미국의 대표적인 퇴직연금인 401K는 이미 비트코인에 투자하고 있고, 다른 기관들의 자금도 유입될 가능성이 높다.

지정학적 측면에서도 비트코인은 유리하다. 현재 우리는 신냉전의 시대에 살고 있으며, 이는 비트코인의 가치를 더욱 부각시키는 요인이다. 예를 들어, 우크라이나와 러시아의 전쟁, 미중 갈등 등은 글로벌 자산으로서의 비트코인의 가치를 높이고 있다. 비트코인은 어느 나라에서나 동일한 가치를 지니고 있어, 불안정한 시대에 안전한 자산으로 평가받는다. 실제로 자국 화폐 가치가 급락하거나 전쟁이 발발한 국가에서 비트코인의 수요가 증가하는 사례는 빈번하다.

양극화와 인플레이션의 심화 역시 비트코인의 가치를 상승시키는 요소이다. AI 기술의 발전은 생산성 향상을 가져오지만, 동시에 양극화와 빈부격차를 심화시킬 가능성이 크다. 이에 따라 한정된 재화의 가치는 크게 상승할 것이다. 비트코인, 토지, 부동산, 금 등이 이에 해당한다.

마지막으로, 전통적인 달러 시스템의 균열도 비트코인의 수요를 증가시키는 요인이다. 미국의 무분별한 달러 발행과 부채 한도 증액으로 인해 달러에 대한 불신이 커지고 있다. 예를 들어, 신용평가사 피치는 미국의 신용등급을 강등시키기도 했다. 이러한 상황에서 비트코인은 안전한 대안 자산으로 주목받고 있다. <부자아빠 가난한 아빠>의 저자 로버트 기요사키도 달러는 구매력을 지켜주지 못하므로 비트코인, 금, 은에 투자할 것을 권하고 있다.

비트코인의 또 다른 강점은 네트워크의 탈중앙화에 있다. 비트코인 네트워크에는 주인이 없다. 아니, 누구나 주인이 될 수 있다. 비트코인은 영

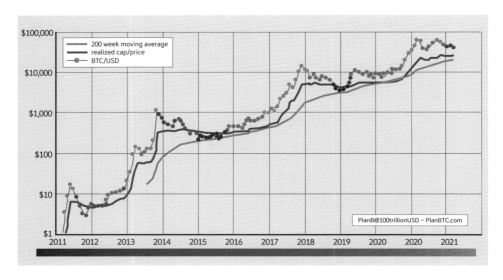

비트코인은 급등과 급락을 반복하지만 지속적으로 우상향한다.

업팀도 리더도 없다. 비트코인을 널리 홍보하는 것은 개인들이다. 개인들이 비트코인의 가치에 매료되고 이를 전파한다. 이는 곧 중앙화되지 않는 화폐를 위한 대중들의 희망이 담겨 있는 것이다. 이러한 탈중앙화 구조는 비트코인의 장기적인 안정성과 신뢰성을 높이는 중요한 요소 중 하나이다.

이런 이유들 때문에 비트코인은 구조적으로 장기 우상향할 수밖에 없다. 비트코인의 변동성은 크겠지만, 그 잠재력과 가치는 더 크며, 이는 비트코인이 디지털 시대의 중요한 자산으로 자리 잡을 것임을 시사한다. 투기가 아니라, 장기적인 투자 자산으로서 가치가 있음을 충분히 이해한 뒤, 자산의 일부를 투자하고, 시간이 만들어내는 마법을 지켜볼 때다.

#8. 사라진 비트코인 500만 개

비트코인이 여러 가지 이유로 유실된 물량이 400만~500만 개 정도로 추정된다. 이는 전체 비트코인 발행량 2,100만 개 중 약 20%에 해당하는 수치다. 주요 유실 원인으로는 개인키 분실, 하드 드라이브 고장 또는 분실, 초기 채굴자들의 부주의와 실수 등이 있다. 또한 갑작스러운 사고로 소유자가 사망한 경우도 있다.

대표적 사례로, 2013년 영국의 IT 전문가 제임스 하웰스는 7,500 비트코인이 저장된 하드 드라이브를 실수로 버렸다. 현재 가치로 수천억 원에 달하는 이 비트코인을 찾기 위해 쓰레기 매립지를 뒤졌지만, 아직까지 찾지 못했다. 또 다른 사례로, 스테판 토마스가 있다. 그는 2010년에 암호화폐 관련 영상을 제작해 준 대가로 비트코인 7,002개를 받았다. 몇 년 후, 비트코인 가격이 크게 오른 뒤 불현 듯 하드 드라이브를 찾았으나, 비밀번호를 잃어버렸다. 비밀번호를 기억해내기 위해 여러 시도를 했지만 아직 성공하지 못했다. 또 한 사람, 3,000개 이상의 비트코인을 보유한 것으로 알려진 폴란드 국적의 미르체아 포페스쿠(41)가 있다. 불행히도 그는 해변에서 물놀이 중 갑작스럽게 사망하였다. 그의 지갑 개인키를 아는 사람은 아무도 없는 것으로 알려졌다.

이처럼 사라진 비트코인은 당사자의 아픔과는 별개로 비트코인의 희소성을 더욱 높여서, 비트코인의 가치를 상승시키는 요인이 되고 있다. 시장 분석업체 체이널리시스는 총 1,970만 개 비트코인 중 약 20%가 영원히 잠겼을 것으로 추산한다. 이러한 유실은 비트코인의 공급을 줄여 희소성을 높이고, 그

제임스 하웰스. 그는 실수로 7,500개의 비트코인을 쓰레기로 버렸다.

가치 상승의 한 요소가 되고 있다.

수요가
급증한다

◆

　비트코인 수요가 최근 몇 년 동안 급격히 증가하고 있다. 이는 여러 가지 이유로 설명될 수 있는데, 그 중에서도 가장 큰 이유는 투자 환경의 변화와 투자자들의 인식 변화, 그리고 비트코인 자체의 경쟁력이다. 구체적인 수치와 사건들을 통해 이 현상을 살펴보자.

　먼저, 암호화폐 거래소의 신규 유입 투자자 수가 급격히 증가하고 있다. 예를 들어, 코로나 팬데믹이 시작된 2020년 이후, 전 세계적으로 거래소 가입자가 폭발적으로 증가했다. 미국의 유명 거래소 코인베이스(Coinbase)는 2020년 한 해 동안 신규 가입자가 1,300만 명을 기록했다. 이는 전년 대비 50% 이상의 증가율을 보인 것이다. 이처럼 비트코인 거래소에 유입되는 신규 투자자 수의 증가는 비트코인에 대한 관심과 수요가 지속적으로 증가하고 있음을 보여준다.

또한, 활성 비트코인 지갑의 수가 급증하고 있다. 블록체인 데이터 분석업체 글래스노드(Glassnode)에 따르면, 2024년 1월 기준으로 비트코인 활성 지갑 수는 3,500만 개를 넘었다. 이는 2020년 1월의 2,000만 개에 비해 75% 증가한 수치다. 활성 지갑 수의 증가는 비트코인 사용자가 늘고 있음을 의미하며, 이는 비트코인에 대한 수요 증가를 나타낸다.

비트코인을 장기 보유하는 투자자, 즉 '호들러(Hodler)' 수가 증가하고 있다는 점도 주목할 만하다. 블록체인 분석업체 체이널리시스(Chainalysis)에 따르면, 2023년 말 기준으로 1BTC 이상을 보유한 주소 수는 80만 개를 넘어섰다. 이는 2020년 말의 60만 개에 비해 33% 증가한 수치다. 장기 보유자가 증가한다는 것은 비트코인이 안정적인 자산으로 인식되고 있음을 나타내며, 이는 비트코인에 대한 신뢰와 수요를 높이는 요소다.

비트코인에 대한 신규 지식 습득자도 늘어나고 있다. 구글 트렌드에 따르면, '비트코인 투자 방법'이라는 검색어의 검색량이 2024년 3월에 사상 최고치를 기록했다. 이는 많은 사람들이 비트코인에 대해 관심을 가지고 정보를 찾고 있음을 보여준다. 또한, 유튜브와 같은 플랫폼에서 비트코인 관련 콘텐츠의 조회수도 급증하고 있다. 예를 들어, 2024년 2월 기준으로 비트코인 투자 관련 유튜브 채널의 전 세계 구독자 수가 수억 명에 이르고, 조회수도 폭발하고 있다.

미국인 투자자 수의 급증도 눈에 띈다. 블록체인 분석업체 코인메트릭스(CoinMetrics)에 따르면, 2023년 미국 내 비트코인 보유자는 약 2,000만 명에 달했다. 이는 2020년의 1,200만 명에 비해 66% 증가한 수치다. 2024년 초 현재, 미국인의 약 22% 정도가 암호화폐에 투자하고 있다고 한다. 이러한 증가세는 비단 미국뿐만 아니라 전 세계적으로도 나타나고 있다. 비트코인은 이제 더 이상 소수의 기술 애호가나 투자자들의 전유물이 아니라, 일반 대중에게도 널리 알려지고 있다.

비트코인 현물 ETF의 승인도 중요한 요인 중 하나이다. 현물 ETF가 승인되면서 투자자들은 비트코인을 직접 구매하지 않고도 ETF를 통해 비트코인을 보유하는 효과를 누릴 수 있게 되었다. 이는 비트코인의 접근성을 크게 높여준 것이다. 특히, 연기금과 같은 대형 기관 투자자들이 비트코인에 자금을 투입하기 쉽게 만들어, 비트코인 수요를 더욱 증가시킬 것으로 예상된다. 이미 미국의 대표적인 퇴직연금인 401K는 비트코인에 투자하고 있으며, ETF가 출시된 지금 다른 기관들의 자금도 유입될 가능성이 높다.

세계 여러 나라의 법정통화 채택도 비트코인의 수요를 크게 증가시켰다. 이러한 움직임은 비트코인의 글로벌 수요를 촉진시키고, 중남미, 아프리카의 더 많은 국가들이 비트코인을 법정통화로 채택할 가능성을 열어준다.

전문가들의 전망도 비트코인의 수요 증가를 뒷받침한다. 예를 들어, 세계 최대 자산운용사 블랙록의 CEO 래리 핑크는 비트코인이 "글로벌 자

그레이스케일 CEO, "현물 비트코인 ETF 수요가 갑자기 증가하고 있습니다."

산으로서의 잠재력을 지니고 있으며, 전 세계 투자자들에게 중요한 자산이 될 것."이라고 말했다. 그는 또한 "비트코인은 전 세계 어디서나 동일한 가치를 인정받을 수 있는 독특한 자산."이라며, 지정학적 불안정성 속에서 비트코인의 역할을 강조했다. 피델리티 디지털 자산의 대표인 톰 제숍은 "비트코인은 디지털 자산 생태계의 기초로 자리 잡고 있으며, 그 잠재력은 막대하다."고 언급했다. 제숍은 비트코인의 네트워크 효과와 점점 더 많은 기관 투자자들이 비트코인에 관심을 가지는 현상을 긍정적으로 평가했다.

결론적으로, 비트코인에 대한 수요는 거래소 신규 투자자 수 증가, 활성 지갑 수 증가, 보유자 수 증가, 비트코인에 대한 지식 습득 증가, 미국인 투자자 수 급증, 현물 ETF 승인, 법정통화 채택 등등의 이유로 급증하고 있다. 이러한 현상들은 비트코인의 미래 가치를 높이는 중요한 요소로

진격의 비트코인. 고점은 어디일까?

작용하며, 비트코인에 대한 지속적인 수요 증가를 뒷받침한다. 비트코인
은 글로벌 금융 시장에서 점점 더 중요한 역할을 하는 자산으로 자리매김
하고 있다.

#9. 비트코인 현물 ETF는 무엇?

비트코인 현물 ETF는 비트코인의 실제 물리적 자산을 기초로 한 상장지수펀드이다. 이는 투자자들이 비트코인에 직접 투자하지 않고도, 주식 시장에서 주식을 사고파는 것처럼 쉽게 거래할 수 있도록 해준다. 현물 ETF는 기존의 비트코인 선물 ETF와 달리, 실제 비트코인을 매수하여 보유하는 구조이다.

현물 ETF는 비트코인의 미래 전망에 중요한 의미를 가진다. 첫째, 기관 투자자들의 진입을 용이하게 한다. 복잡한 지갑 관리나 보안 문제 없이, 전통적인 금융 상품을 통해 비트코인에 투자할 수 있다. 이는 비트코인에 대한 수요를 크게 증가시킬 수 있다. 둘째, 시장의 신뢰성을 높인다. 규제된 금융 상품으로서 비트코인 현물 ETF는 더 많은 투자자들에게 비트코인을 합법적이고 신뢰할 수 있는 자산으로 인식시키는 역할을 한다.

2024년 1월, 11종의 비트코인 현물 ETF가 미국에서 승인되었다. 승인 첫날에만 6조 원어치가 팔리며 엄청난 인기를 증명했다. 이로 인해 비트코인 시장에는 거대한 자금이 유입되고, 이는 가격 상승을 견인할 수 있다. 비트코인 현물 ETF의 도입은 비트코인의 성숙과 대중화를 가속화하는 중요한 촉매제가 될 것으로 기대된다.

SEC가 승인한 비트코인 현물 ETF

자료 : 블룸버그 인텔리전스

발행사	ETF명칭(티커)	연 수수료
그레이스케일	Grayscale Bitcoin Trust(GBTC)	1.50%
비트와이즈	Bitwise Bitcoin ETF(BITB)	0.20%
해시덱스	Hashdex Bitcoin ETF(DEFI)	0.90%
블랙록	iShares Bitcoin Trust(IBIT)	0.25%
발키리	Valkyrie Bitcoin Fund(BRRR)	0.49%
아크&21셰어스	ARK 21Shares Bitcoin ETF(ARKB)	0.21%
인베스코갤럭시	Invesco Galaxy Bitcoin ETF(BTCO)	0.39%
반에크	VanEck Bitcoin Trust(HODL)	0.25%
위즈덤트리	WisdomTree Bitcoin Fund(BTCW)	0.30%

미 증권거래위원회가 승인한 비트코인 현물 ETF 11종.

공급이
급감한다

◆

비트코인의 공급이 급감하고 있다. 이유는 여러 가지다. 반감기, 장기 보유자(Hodler) 증가, 비트코인 유실, 거래소의 보유량 감소 등 다양한 요인에 기인한다. 이 글에서는 이러한 요인들을 구체적인 수치와 사건들을 통해 설명하고자 한다.

첫째, 비트코인의 공급이 급감하는 주요 요인 중 하나는 반감기 (Halving)이다. 비트코인 네트워크는 약 4년마다 채굴 보상을 절반으로 줄이는 반감기 이벤트를 겪는다. 이는 인플레이션을 방지하고, 비트코인의 희소성을 높이기 위한 설계이다. 2024년 4월, 네 번째 반감기가 이루어져 채굴 보상이 블록당 6.25BTC에서 3.125BTC로 줄어들었다. 이로 인해 시장에 새로 공급되는 비트코인의 양이 절반으로 감소하게 되었다. 반감기는 비트코인 가격 상승을 유도하는 중요한 이벤트로 작용해왔다. 예를 들어, 2016년 7월 두 번째 반감기 이후, 비트코인 가격은 650달러에서 2017년 12월 20,000달러까지 급등한 바 있다.

둘째, 비트코인을 장기 보유하는 투자자(Hodler)의 증가도 공급 감소에 영향을 미친다. 장기 보유자는 비트코인을 매도하지 않고 오랜 기간 동안 보유하는 투자자들을 의미한다. 블록체인 데이터 분석업체인 글래스노드(Glassnode)에 따르면, 2023년 기준으로 1년 이상 이동되지 않은 비트코인의 비율은 전체 비트코인의 60% 이상을 차지하고 있다. 이는 많은 투자자들이 비트코인의 미래 가치를 신뢰하고 장기 보유 전략을 선택하고 있음을 보여준다. 이런 현상은 앞으로 점점 더 심화될 것이다.

셋째, 유실된 비트코인도 공급 감소에 중요한 역할을 한다. 비트코인은 디지털 자산이기 때문에, 복구 문구(Seed Phrase)와 개인키를 잃어버리면 해당 지갑의 비트코인을 영구히 잃게 된다. 체이널리시스(Chainalysis)의 보고서에 따르면, 현재까지 약 400만~500만 개의 비트코인이 유실된 것으로 추정된다. 이는 전체 비트코인 공급량의 20%가 넘는 수치로, 실제로 유통 가능한 비트코인의 수를 크게 줄이는 결과가 된다. 비트코인의 유실에 대해 비트코인 창시자인 사토시 나카모토는 명언을 남겼다. "분실된 가상자산은 다른 사람의 가상자산 가치를 조금 더 높여 줄 뿐이다, 분실은 모든 사람에게 기부하는 것이나 마찬가지."라고 말한 바 있다. 이는 가상자산의 희소성을 높여주기 때문에 생태계 자체에 이로운 영향을 끼친다는 것이다.

넷째, 거래소의 실제 거래 가능 코인 감소도 공급 감소의 중요한 요인이다. 많은 투자자들이 자신의 비트코인을 거래소에서 개인 지갑으로 옮겨서 보관함에 따라, 거래소에서 거래 가능한 비트코인의 양이 줄어들고 있다. 2023년, 코인베이스(Coinbase), 바이낸스(Binance) 등 주요 거래소에서 비트코인 보유량이 크게 감소한 것이 이를 뒷받침한다. 블록체인 분석 업체인 크립토퀀트(CryptoQuant)에 따르면, 2023년 말 기준으로 주요 거래소의 비트코인 보유량은 2018년 이후 최저치를 기록했다.

다섯째, 비트코인 현물 ETF가 출시되면서 ETF 운영회사가 대량의 비트코인을 보유하게 되어 시장의 물량이 줄어든다. 많은 기업들도 비트코인을 자산으로 보유하고 있다. 마이크로스트래티지, 테슬라 등 대형 기업들이 대규모로 비트코인을 매입하여 자산으로 보유하면서, 이들 비트코인은 거래소에서 사라지게 된다. 마이크로스트래티지는 17만 개 이상의 비트코인을 보유 중이다. 또, 일부 국가들이 비트코인을 법정통화로 채택하면서 정부가 보유량을 늘리고 있다.

이러한 요인들로 인해 비트코인의 공급이 급감하고 있으며, 이는 비트코인의 희소성을 더욱 강화하고 가격을 끌어올리는 데 기여하고 있다. 비트코인의 공급이 감소하고 수요가 급증함에 따라, 미래의 비트코인 가격의 상승은 불가피하다. 이러한 특성은 다른 자산과 비교할 때 비트코인이 갖는 독보적인 장점이다.

비트코인 거래소 공급량과 가격

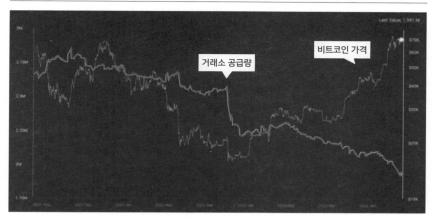

매수주문이 공급량을 초과할 때 공급충격으로 가격이 급상승할 수 있다.

비트코인 공급량 분석

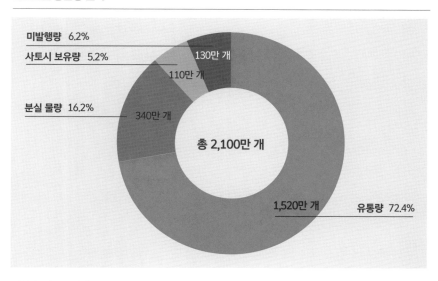

남은 물량 130만개(6.2%)는 앞으로 116년에 걸쳐 채굴될 예정이다.

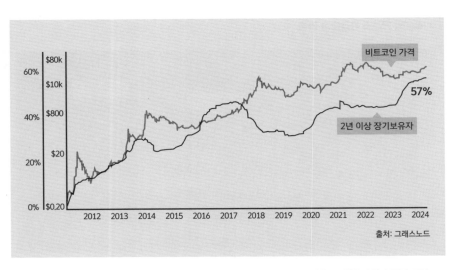

2년 이상 장기보유가 계속 증가하여 57%에 이르렀다. 시장에서 비트코인을 구매할 기회가 점점 사라지고 있다.

#10. 반감기(Halving)

비트코인을 처음 접한 사람들에게 '반감기'라는 용어는 낯설 수 있다. 반감기는 비트코인 네트워크에서 일정한 주기마다 발생하는 이벤트로, 채굴자에게 주어지는 비트코인 보상이 절반으로 줄어드는 것을 의미한다. 이 독특한 메커니즘은 사토시 나카모토가 비트코인 설계에 포함시킨 중요한 요소로, 비트코인의 희소성과 가치를 유지하는 데 핵심적인 역할을 한다.

반감기는 21만 개의 블록이 생성될 때마다 발생하도록 설계되었다. 블록이 약 10분마다 하나씩 생성되므로, 1년이면 약 52,560개, 4년이면 약 210,240개가 생성된다. 따라서 반감기는 대략 4년 주기로 일어난다. 2024년 4월에 4차 반감기를 맞았으므로, 지금까지 생성되어 블록체인으로 연결된 블록은 84만 개를 조금 넘는다고 볼 수 있다.

사토시 나카모토는 비트코인의 공급을 제한하여 인플레이션을 방지하고자 했다. 비트코인의 총 발행량은 2,100만 개로 고정되어 있으며, 반감기는 약 4년마다 한 번씩 발생하여 채굴 보상을 절반으로 줄인다. 처음 비트코인이 채굴되었을 때, 블록 당 보상은 50 비트코인이었지만, 2012년 첫 번째 반감기로 25 비트코인으로 줄었고, 2016년 두 번째 반감기로 12.5 비트코인, 2020년 세 번째 반감기로 6.25 비트코인으로 줄었다. 2024년 네 번째 반감기에 보상이 3.125 비트코인으로 줄었다.

반감기의 의도는 단순하지만 강력하다. 비트코인의 공급을 점진적으로 감소

시켜 희소성을 높이는 것이다. 이는 금과 같은 희소 자산의 특성을 모방한 것으로, 시간이 지남에 따라 비트코인의 가치가 상승하도록 설계되었다. 비트코인 채굴이 점점 더 어려워짐에 따라, 신규 비트코인의 공급은 감소하고, 이는 수요와 공급의 법칙에 따라 비트코인의 가격을 밀어 올린다.

투자자들에게 반감기는 사토시가 주는 선물이라고 할 수 있다. 비트코인이 장기적 우상향으로 성장할 수 있게 하는 강력한 메커니즘이기 때문이다. 반감기 덕분에 비트코인은 인플레이션에 강한 자산으로 평가받고 있으며, 이는 투자자들에게 큰 매력을 제공한다. 또한, 비트코인 커뮤니티와 채굴자들에게 지속적인 관심과 참여를 유도하는 요소로 작용한다.

반감기는 비트코인의 생태계를 건강하고 안정적으로 유지하기 위한 중요한 장치다. 비트코인의 희소성과 가치를 보호하는 이 메커니즘 덕분에 비트코인은 디지털 금으로서의 지위를 공고히 하고 있다.

공정하고
정의롭기 때문이다

비트코인은 거래의 공정함과 그 속성의 정의로움 덕분에 주목받는다. 주식이나 채권, 부동산 등 다른 자산 시장에 비해 거래 기법이 압도적으로 단순하고 쉬워 누구나 손쉽게 비트코인을 사고팔 수 있으며, 복잡한 금융 지식도 필요 없다. 탈중앙화된 네트워크에서 자율적으로 기능하며, 가격 결정도 시장의 왜곡 없이 순수한 수요와 공급에 의해 이루어진다. 주최 측의 농간이나 시장교란 행위로부터도 자유롭다. 비트코인은 전 세계적으로 단 하나의 상품으로 동일한 가격을 가지며, 이는 글로벌 단일 시장을 형성하여 공정한 거래를 보장한다. 공개된 블록체인 장부를 통해 모든 거래가 투명하게 기록되며, 이는 높은 신뢰성을 제공한다. 비트코인의 미리 정해진 발행량은 인플레이션에 의한 자산 가치의 약탈을 원천적으로 방지해준다. 이러한 이유들로 비트코인은 매우 정의롭고 공정한 투자 대상으로 평가된다.

거래가 쉽고, 상품이 단순하고, 게임 룰이 공정하다

◆

비트코인은 다른 자산에 비해 투자가 쉽고 단순하며, 초보자나 소액 투자자도 쉽게 접근할 수 있다. 주식, 채권, 부동산 투자는 복잡한 전문 지식과 철저한 연구가 필요하지만, 비트코인은 특유의 단순함과 투명성 덕분에 누구나 쉽게 이해하고 투자할 수 있다.

첫째, 비트코인은 상품이 하나뿐이고 단순하다. 단순성이 최고의 장점이다. 주식 시장에서는 각 기업의 재무제표, 산업 동향, 경제지표 등을 분석해야 하며, 부동산은 입지나 도시계획, 임대 수익과 가격의 적정성 등을 고려해야 한다. 채권 역시 발행 기관의 신용도, 이자율, 만기 등을 종합적으로 검토해야 한다. 어렵다. 복잡하다. 초짜들은 다 당하고 만다. 반면, 비트코인은 그 자체가 하나의 상품으로, 복잡한 분석이 필요 없다. 비트코인의 가격이 장기적 관점에서 오를지 내릴지만 판단하면 된다. 그 점에 대해서 우리는 앞에서 이미 충분히 알아보았다. 어떻게 변동하는지 이해하는 것은 그렇게 어려운 일이 아니다.

　거래 기법 역시 매우 단순하다. 24시간 열린 시장에서 그냥 팔거나 사면 된다. 주식이나 채권 시장에서는 다양한 주문 유형과 전략이 존재하고 그 전략에 따라서 결과도 천양지차로 달라지지만, 비트코인은 그냥 본인의 느낌대로 사고팔기만 하면 된다. 이는 거래 시장이 상대적으로 투명하고 공정성이 보장되며, 정보의 비대칭 문제가 최소화되어 있기 때문에 가능한 일이다. 누구나 동일한 정보를 바탕으로 거래할 수 있으며, 내부자 거래가 원천적으로 가능하지 않다. 블록체인 기술을 기반으로 한 비트코인의 공개 장부는 모든 거래를 투명하게 기록하여, 투자자들이 신뢰할 수 있는 환경을 제공한다.

　비트코인은 시장과 게임의 공정성이 뛰어나다. 비트코인은 일부 주체나 세력들의 시장 조작이 어렵다는 점에서 공정하다. 주식 시장에서는 큰 손들이 시장을 쥐락펴락하기 쉽지만, 비트코인은 소액의 개인 투자자나 거대 규모 기관 투자자나 동일한 정보와 조건에서 거래가 이루어진다. 주식, 채권, 부동산 시장에서는 내부자 거래, 정보 비대칭성 등으로 인해 일반 투자자들이 불리한 위치에 놓이는 경우가 많다. 멋모르고 호구가 되기 십상이다. 그러나 비트코인 시장은 누구나 동일한 정보를 공유하고, 거래 내역이 모두 공개되는 시스템이다. 모든 지갑이 공개되어 보유량과 입출금 상황을 실시간으로 확인할 수 있다. 이는 시장 조작을 어렵게 만들고, 모든 투자자가 평등한 위치에서 거래할 수 있게 한다. 주식 시장에서는 내부자 정보로 막대한 이익을 챙기는 사람들이 있지만, 비트코인 시장에는 그런 특권이 없다. 모든 사람이 동등한 기회를 가지며, 공정한 게임을 즐길 수 있다.

비트코인의 공정성은 특히 글로벌 단일 시장이라는 점에서 두드러진다. 단일한 시장, 단일한 상품, 단일한 가격이란 점은 비정상적 행위가 개입할 여지를 현저히 줄인다. 또, 주식 시장은 각국의 규제와 거래 시간에 제한을 받지만, 비트코인은 24시간 전 세계 어디서나 거래할 수 있다. 이는 비트코인이 글로벌 경제에서 중요한 역할을 할 수 있는 이유 중 하나다.

비트코인은 소액 투자와 분할 투자가 용이하다. 주식이나 부동산은 상당한 초기 자본이 필요할 수 있지만, 비트코인은 0.00000001비트코인, 즉 1사토시(1억 분의 1비트코인) 단위로 분할할 수 있어 소액 투자자도 쉽게 접근할 수 있다. 단돈 5,000원어치도 살 수 있다. 자금의 크기에 따른 유불리가 별로 없고, 누구나 공정하게 투자할 수 있다. 이런 투자 사례가 있다. 지방에 거주하는 대학생 한씨는 2016년 초부터 매달 용돈 5만 원씩을 비트코인에 투자하기 시작해서 15개월 총 75만 원으로 1비트코인을 채웠다. 비트코인 가격이 약 65만 원 정도였을 때 시작했고, 이후 비트코인 가격이 급등하였다. 2021년에 모두 팔아 약 7,000만 원의 수익을 실현했다.

전문가들도 비트코인의 시장 공정성과 투명성을 높이 평가하고 있다. 2021년 3월, 아크인베스트 CEO 캐시 우드(Kathy Wood)는 "비트코인은 투명성과 탈중앙화 덕분에 주식 시장보다 훨씬 더 공정한 투자 환경을 제공한다."고 언급했다. 피델리티 디지털 자산의 대표인 톰 제숍은 "비트코인은 투자 규모에 따른 유불리가 없는 매우 공정한 게임이다. 거래 주체에 의한 시장 왜곡이 거의 없는 매우 투명한 시스템을 가지고 있다."고 말했다. 모건 크릭 디지털의 공동 창업자인 앤서니 폼플리아노도 "기관이건 개인이건 누구나 동일 조건에서 거래할 수 있는 환경이다."고 말했다.

결론적으로, 비트코인은 단순한 거래 기법과 문턱이 낮은 접근성, 공정한 거래 시스템, 그리고 글로벌 단일 시장이라는 특성 덕분에 주식, 채권, 부동산 등 다른 자산에 비해 매력적인 투자 수단으로 자리 잡고 있다. 이러한 특성들은 투자자들에게 공정하고 투명한 거래 환경을 제공하며, 이는 비트코인을 장기적으로 유망한 자산으로 만든다.

약탈적
인플레이션이 없다

◆

    비트코인은 인플레이션에 대한 강력한 방어막을 제공한다. 인플레이션은 물가가 지속적으로 상승하면서 화폐의 구매력이 감소하는 현상을 의미하는데, 주로 화폐 공급의 과잉으로 발생한다. 달러나 유로, 원화와 같은 돈들은 중앙은행이 발행하고, 그 발행량은 필요에 따라 언제든지, 얼마든지 증가할 수 있다. 이는 인플레를 초래하며, 화폐의 가치를 떨어뜨리는 주요 원인이 된다.

    역사적으로 인플레이션의 심각성을 보여주는 사례는 많다. 2008년 금융위기 이후 미국 연방준비제도(Fed)는 경제를 부양하기 위해 양적완화(QE) 정책을 시행, 대규모로 돈을 찍어 시중에 풀었다. 이로 인해 미국 달러의 가치는 지속적으로 하락했다. 2020년 코로나19 팬데믹 당시에도 유사한 대규모 발행이 이루어졌다. 이러한 정책은 단기적으로 경제를 살리는 데 도움이 될 수 있지만, 장기적으로는 화폐 가치의 하락, 즉 인플레를 초래할 수 있다.

　일반적으로 미국 달러의 실질 인플레율은 연평균 7% 정도이다. 연평균 7%라면, 10년 후 달러의 가치가 현재의 절반으로 줄어든다는 뜻이다. 매년 7%씩 가치가 감소하는 효과를 누적한 결과이다. 예를 들어, 현재 100달러는 1년 후 93달러, 2년 후 약 86.5달러로 줄어든다. 이를 10년 동안 반복하면, 최종적으로 약 48.4달러로 감소한다. 이는 인플레가 지속될 경우, 장기적으로 화폐 가치가 얼마나 크게 감소할 수 있는지를 보여준다. 세계에서 가장 안전 자산이라는 달러가 이 정도이니 다른 통화의 심각성은 말할 필요가 없다.

　최근 몇 년 동안 튀르키예, 나이지리아, 아르헨티나를 비롯한 여러 아프리카와 중남미 국가들이 심각한 인플레이션에 시달리고 있다. 이들 국가들의 경제 불안정과 화폐 가치 하락으로 인해 서민들이 생계유지에 큰 어려움을 겪고 있다. 튀르키예는 2021년 12월, 연간 인플레율 36.08%로 20년 만에 최고치를 기록했다. 이는 에르도안 대통령의 금리 인하 정책으로 발생한 결과이다. 그리고 2022년 10월, 튀르키예의 연간 인플레율은 85.51%로 다시 급등했다. 아르헨티나도 오랫동안 인플레이션 문제에 시달려온 나라 중 하나이다. 2022년 12월, 아르헨티나의 연간 인플레이션율은 무려 94.8%로 1991년 이후 최고치를 기록했다. 아르헨티나 페소의 가치 하락과 정부의 재정 적자가 주요 원인이다. 정부는 여러 차례 통화 정책을 시도했지만, 지속적인 인플레이션을 억제하는 데 실패했다.

인플레이션 문제는 전 세계적으로 발생하며, 가만히 앉아서 자산을 약탈당하는 결과를 초래한다. 부유층은 다양한 자산 포트폴리오를 통해 인플레이션을 줄이거나 피할 수 있지만, 중산층 이하의 계층은 엄청난 고물가와 실질 소득 감소로 큰 타격을 받는다. 이는 빈부 격차를 더욱 심화시키며, 사회적 불평등을 가중시킨다. 이들 국가들의 높은 인플레율은 국민들의 생활수준을 크게 저하시켰으며, 많은 이들이 자산 가치를 보호하기 위해 비트코인과 같은 대체 자산으로 눈을 돌리게 하였다. 2021년 터키의 비트코인 거래량이 사상 최고치를 기록하였고, 아르헨티나 국민들은 자국 화폐보다 달러나 비트코인을 더 선호하게 되었다.

최근 한국도 엄청난 고물가에 시달리고 있다. 한국은행은 경제 위기나 경기 부양을 위해 지속적으로 원화 발행을 늘려왔다. 최근 몇 년간 코로나19 팬데믹과 같은 위기 상황에서는 특히 발행량이 급증했다. 2020년부터 2023년까지 한국의 통화량은 급격히 증가했으며, 이는 물가 폭등으로 이어졌다. 생활필수품, 식료품, 주거비용 등이 크게 상승하면서 국민들의 실질 구매력은 급감했다. 이는 서민들의 생활을 더욱 어렵게 만들고, 장기적으로 자산 가치를 훼손시키는 주요 원인이 되었다. 인플레는 서민들 주머니를 약탈하는 '보이지 않는 세금'이라는 말이 실감난다.

비트코인은 인플레이션 차단이라는 중요한 특성을 가지고 있다. 태생적으로 인플레를 극복하기 위해 만들어졌고, 실제로 완벽에 가깝게 인플레를 차단한다. 법정화폐와는 근본적으로 다르다. 총 발행량은 2,100만 개로 딱 정해져 있고, 바꿀 수 없다. 약탈적 인플레이션으로부터 자산을 보호하고, 빈부 격차를 완화하며, 경제적 평등을 추구하는 데 비트코인만한 것이 없다. 비트코인이 정의로운 화폐라는 것은 탈중앙화와 투명성, 금융 주권, 검열 저항성, 금융 포용성과 더불어 바로 이런 약탈적 인플레 방지 특성 때문이다.

세계 자산별 시가 총액 순위

세계 자산별 시가총액 순위에서 비트코인의 약진이 두드러진다. 시총 순위 집계 사이트 컴퍼니즈마켓캡은 앞으로 더욱 가파른 성장세를 예상한다.

세계 자산별 시가총액 순위　　　　　　　　　　　단위: 조 원

순위	자산	시총액
1	금	19,777
2	마이크로소프트	4,063
3	애플	3,604
4	엔비디아	2,889
5	사우디 아람코	2,781
6	아마존	2,416
7	알파벳(구글)	2,322
8	비트코인	1,917
9	은	1,876
10	메타(페이스북)	1,660

세계 자산별 시가총액 순위. 비트코인이 8위에 올라 있다.

시장 원리로만 가격이 결정되는 공정한 구조

◆

비트코인은 2009년 등장 이후, 많은 이들의 주목을 받으며 빠르게 성장해왔다. 특히 비트코인의 가격이 오직 수요와 공급의 시장 원리에 의해 결정된다는 점은 많은 투자자들에게 매력을 준다. 이는 중앙은행이나 정부의 개입 없이 시장의 힘에 의해 투명하고 공정하고 자연스럽게 가격이 형성된다는 뜻이다. 주식, 채권, 부동산 거래와는 사뭇 다르다.

전통적인 금융 시장에서는 종종 특정 주체나 세력들이 시장을 조작하는 경우가 많다. 공시 장난이나 거래 기법의 복잡성이 시장 왜곡을 일으킬 수 있다. 주식 시장에서는 내부자 거래, 주가 조작, 정부의 통화 정책 변화 등 다양한 요인들이 가격에 영향을 미친다. 주식과 채권의 가격은 기업의 실적, 금리, 경제 상황 등 다양한 요인에 영향을 받으며, 정부나 중앙은행의 정책에 따라 크게 변할 수 있다. 부동산은 지역 경제 상황, 정부의 규제, 개발 계획 등 여러 요인이 복합적으로 작용하여 가격이 결정된다.

그러나 비트코인의 거래 구조는 매우 투명하다. 비트코인 시장에서는 이러한 개입이 거의 불가능하다. 비트코인 시장에서는 이러한 교란 행위가 발생하기 어렵다. 이는 비트코인의 거래 구조가 매우 단순하고 투명하기 때문이다. 전 세계 시장이 단일화되어 있어 어느 특정 지역만의 조작이 불가능하다. 모든 거래는 블록체인에 기록되어 누구나 검증할 수 있으며, 이는 내부자 거래나 불공정 거래를 원천적으로 차단한다. 주식 시장과 비교했을 때 큰 장점이다. 주식 시장에서는 내부자 정보나 대규모 투자자의 매매 활동이 일반 투자자들에게 불리하게 작용할 수 있다. 예를 들어, 기업의 내부자가 미공개 정보를 이용해 거래를 하거나, 대형 펀드가 대규모 매매를 통해 시장을 움직이는 경우가 종종 발생한다.

채권 시장 역시 투명성의 문제에서 자유롭지 않다. 채권의 가격은 발행 기관의 신용도, 금리 변동, 경제 상황 등 여러 요인에 따라 변동하지만, 이러한 정보가 모든 투자자에게 동등하게 제공되지 않는 경우가 많다. 특히, 채권 발행 기관의 신용도와 관련된 정보는 일부 투자자들에게만 제공되는 경우가 많아, 정보의 비대칭성이 문제로 지적되기도 한다.

부동산 거래는 더욱 복잡하다. 부동산 가격은 지역 경제 상황, 개발 계획, 정부의 부동산 정책 등 여러 요인에 영향을 받는다. 부동산 거래는 거래 과정에서 많은 서류 작업과 절차가 필요하며, 이는 거래의 투명성을 저해할 수 있다. 또한, 부동산 시장에서는 대규모 자금을 가진 투자자들이 시장을 움직이는 경우가 많아, 소액 투자자들이 상대적으로 불리한 위치에 놓이는 경우가 많다.

반면, 비트코인은 이러한 문제에서 자유롭다. 비트코인은 누구나 접근할 수 있는 글로벌 단일 시장에서 거래되며, 전 세계 어디서나 동일한 조건에서 거래할 수 있다. 특정 시간에 국한되지 않고 24시간 거래가 가능하다. 예를 들어, 미국 뉴욕의 한 투자자가 밤늦게 비트코인을 거래할 때, 서울의 한 투자자도 같은 시간에 동일한 조건에서 거래할 수 있다. 국경을 초월한 공정한 거래 환경이 조성된 것이고, 이런 점은 또한 비트코인이 글로벌 통화로서의 역할을 수행할 수 있는 중요한 이유가 된다. 주식이나 채권, 부동산과는 크게 다른 점이다. 이에 대해 세계 최대 자산운용사 블랙록의 CEO 래리 핑크는 "비트코인은 글로벌 자산으로서, 누구나 동일한 조건에서 거래할 수 있는 매우 투명한 시장을 제공한다."고 언급했다.

비트코인의 가격 결정 구조는 매우 심플하다. 그리고, 총 발행량은 2,100만 개로 고정되어 있어 인플레이션의 위험이 없다. 주식이나 채권은 발행 기관의 재정 상태나 경제 상황에 따라 발행량이 변동할 수 있고, 부동산도 시장 여건에 따라 얼마든지 공급 조절이 가능하지만, 비트코인은 그 발행량이 처음부터 고정되어 있어 공급 측면에서 훨씬 더 예측 가능하다.

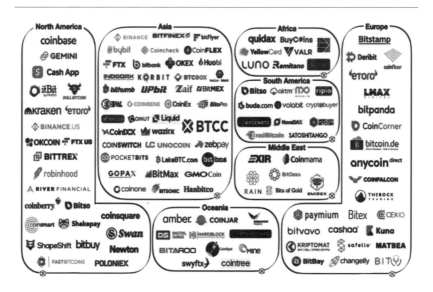

비트코인은 24시간 이들 거래소에서 매매되면서 가격이 결정된다.

　결론적으로, 비트코인은 주식, 채권, 부동산과 비교했을 때 투명성과 공정성이 뛰어난 자산이다. 비트코인은 오직 시장 원리에 따라 가격이 결정되며, 이는 비트코인을 다른 자산과 차별화시키는 중요한 요소이다. 비트코인은 특유의 투명성과 공정성 덕분에 앞으로도 지속적으로 성장할 것이며, 글로벌 금융 시장에서 중요한 역할을 할 것이다.

공개 분산
장부의 힘

◆

　비트코인은 투명성과 보안성에서 독보적인 장점을 자랑한다. 획기적인 블록체인 기반의 공개 분산 장부 기술(DLT)이 이전에는 불가능했던 수준의 투명성과 보안성을 제공한다.

　모든 비트코인 거래는 공개 분산 장부인 블록체인에 기록된다. 모든 거래가 하나의 장부에 기록되고, 이 장부는 네트워크 참여자들에게 분산되어 모두가 동일한 장부를 보관한다. 모든 사용자가 모든 거래를 자유롭게 확인하고 검증할 수 있도록 설계되었다. 완벽한 투명성이다. 모든 거래가 블록체인이라는 영구적이고 변조 불가능한 공개 장부에 기록되는 구조. 이는 정보의 독점과 시장 조작을 방지하고, 모든 사람이 동일한 정보를 바탕으로 거래할 수 있게 한다.

비트코인 및 블록체인 기술 분야에서 가장 잘 알려진 전문가 중 한 명인 안드레아스 안토노풀로스는 이를 두고 "비트코인의 정신은 공정할 뿐 아니라, 정의롭기까지 하다."고 강조한다. 그는 비트코인의 기술적 특성과 철학적 원칙에 깊은 감명을 받았다며 이런 주장을 펼친다.

예를 들어보자. 2013년 영국의 채굴자 제임스 하웰스는 7,500 비트코인이 저장된 자신의 하드 드라이브를 실수로 쓰레기통에 버렸다. 몇 달이 지나 뒤늦게 자신이 무슨 짓을 저질렀는지 깨닫고 하드 드라이브를 찾기 위해 쓰레기처리장을 돌아다니며 온갖 방법을 동원했지만 아직까지 찾지 못했다. 그렇지만 그의 거래 내역은 그대로 블록체인 장부에 남아 있어서, 속 쓰리게도 잃어버린 비트코인의 존재를 계속 되새겨준다. 또, 누구라도 비트코인 창시자 사토시 나카모토의 '제네시스 지갑'을 확인해볼 수 있다. 지갑에는 2010년까지 그가 거래한 내역과 잔액이 고스란히 공개되어 있다.

비트코인은 암호화 기술을 통해 견고한 보안성을 확보한다. 모든 거래는 암호화되어 블록체인에 기록되며, 이는 해킹이나 데이터 훼손에 대한 강력한 방벽 역할을 한다. 블록체인은 또한, 중앙 서버 없이 여러 컴퓨터에 분산되어 관리되므로 단일 지점 공격에 취약하지 않다.

비트코인의 투명성은 규제 기관과 감사 기관에게도 유익하다. 규제 기관은 블록체인 데이터를 활용하여 금융 범죄를 추적하고, 자금 세탁과 같은 불법 활동을 방지할 수 있다. 이는 비트코인의 규제 수용성을 높이는 요소로 작용하며, 장기적으로 비트코인의 합법성과 안정성을 강화하는 효과가 있다. 미국의 연방수사국(FBI)이 블록체인 분석을 통해 다크웹 마켓플레이스인 '실크로드'를 폐쇄하고, 그 운영자를 체포한 경우가 좋은 예이다.

비트코인의 공개 분산 장부는 공정성과 투명성을 구현하는 핵심 기술이다. 탈중앙화된 구조는 특정 주체의 조작을 방지하며, 모든 거래가 공개적으로 검증 가능하게 하여 부정 거래를 차단한다. 변조 불가능한 기록은 거래의 신뢰성을 높이고, 모든 사람이 동등하게 접근할 수 있는 금융 시스템을 제공한다. 이러한 특성들은 비트코인이 기존 금융 시스템의 한계를 극복하고, 새로운 금융 패러다임을 제시하는 혁신적인 자산으로 자리 잡게 하는 중요한 요소들이다.

분산 장부에 기록되는 프로세스는 다음과 같다.

1. 블록체인의 기본 개념

① **블록(Block):** 블록은 일정 기간 동안 발생한 비트코인 거래들의 집합이다. 여러 거래들을 묶어 하나의 블록에 저장된다. 각 블록에는 거래 내역과 기타 관련 정보가 포함되어 있다.

② **체인(Chain):** 각 블록은 이전 블록과 순차적으로 연결되어 체인을 형성한다. 이 연결은 암호학적 해시 함수를 통해 이루어지며, 이를 통해 블록의 순서가 변경되거나 위조되는 것을 방지한다.

2. 거래의 생성과 확인 과정

① **거래 생성:** 비트코인 사용자가 거래를 생성하면, 이 거래는 네트워크에 브로드캐스트(전송)된다. 거래에는 송금인, 수취인, 송금액, 거래 수수료 등의 정보가 포함된다.

② **거래 검증:** 네트워크의 참여자인 노드들은 이 거래를 검증한다. 검증 과정에서는 송금인이 충분한 비트코인을 보유하고 있는지, 이 비트코인이 이미 다른 거래에 사용되지 않았는지 등을 확인한다.

3. 블록의 생성과 채굴

① **블록 생성**: 일정 기간 동안 검증된 거래들이 모여 새로운 블록을 형성한다. 이 블록은 '채굴자'라고 불리는 네트워크 참여자들에 의해 생성된다. 일반적으로 블록 하나가 생성되는 주기는 약 10분이다.

② **채굴**: 채굴자들은 새로운 블록을 추가하기 위해 복잡한 수학 문제를 풀어야 한다. 이 과정은 '작업증명(Proof-of-Work)'이라고 불리며, 상당한 컴퓨팅 파워를 필요로 한다. 문제를 가장 먼저 푼 채굴자는 새로운 블록을 블록체인에 추가하고, 그 보상으로 비트코인을 받는다. 현재 보상은 블록 당 3.125비트코인이다.

4. 블록의 연결과 분산 장부

① **블록 연결**: 새로 생성된 블록은 이전 블록의 해시 값을 포함하여 체인에 연결된다. 이로써 블록들은 순차적으로 연결된 체인을 형성한다.

② **분산 장부**: 블록체인은 네트워크의 모든 노드에 분산되어 저장된다. 모든 노드는 동일한 블록체인 사본을 유지하며, 이는 블록체인의 변조를 방지한다.

5. 블록체인의 투명성

① **공개 접근**: 블록체인은 누구나 접근할 수 있는 공개 장부이다. 이를 통해 모든 거래 내역은 투명하게 공개되며, 누구나 특정 거래를 조회하고 검증할 수 있다.

② **검증 가능성**: 네트워크의 참여자들은 언제든지 블록체인의 모든 거

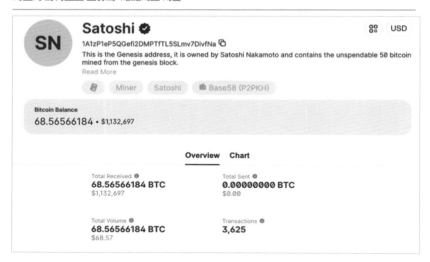

최초의 블록 채굴의 보상으로 비트코인을 받은 지갑이다.

래를 검증할 수 있다. 이는 비트코인의 투명성과 신뢰성을 강화한
다.

6. 예시

예를 들어, A가 B에게 1비트코인을 보낸다고 가정하자.

① **거래 생성**: A는 자신의 비트코인 지갑에서 B의 주소로 1비트코인을
보내는 거래를 생성하고 이를 네트워크에 브로드캐스트한다.

② **거래 검증**: 네트워크의 노드들이 A의 거래를 검증한다. A가 송금액
으로 충분한 비트코인을 보유하고 있는지, 해당 비트코인이 이전에
사용되지 않았는지 등을 확인한다.

③ **블록에 포함**: 검증된 거래는 다른 거래들과 함께 새로운 블록에 포함된다.

④ **채굴**: 채굴자들이 새로운 블록을 생성하기 위해 작업증명을 수행한다. 가장 먼저 문제를 푼 채굴자가 블록을 블록체인에 추가한다.

⑤ **블록 연결**: 새로운 블록이 블록체인에 추가되고, 모든 노드가 이를 자신의 블록체인 사본에 기록한다.

⑥ **거래 확인**: A와 B는 블록체인을 통해 거래가 성공적으로 완료되었는지 확인할 수 있다.

#11. 블록체인, 마법의 기술

블록체인은 비트코인을 존재하게 하는 핵심 기술이다. 블록체인은 비트코인에서 시작되었지만, 지금은 다양한 분야에서 혁신을 일으키고 있는 기술이다. 그렇다면 블록체인이란 무엇일까?

블록체인은 일종의 '분산 장부 기술(DLT)'이다. 모든 거래 내역이 블록 단위로 묶여 체인 형태로 연결되는 시스템이다. 이는 모든 거래가 투명하게 기록되고, 누구나 검증할 수 있게 만든다. 바로 블록체인의 가장 큰 장점인 탈중앙화와 보안성을 확보해주는 기술인 것이다. 이 때문에 중앙 기관 없이도 모든 거래를 안전하게 기록하고 검증할 수 있다.

블록체인은 모든 거래를 블록 단위로 기록하고, 이 블록들이 시간 순서대로 체인 형태로 연결된 분산 장부이다. 각 블록은 이전 블록의 해시 값을 포함하고 있어, 블록체인 내용을 변경하려면 모든 블록을 수정해야 한다. 이는 블록체인의 변조를 사실상 불가능하게 만든다.

블록체인의 또 다른 중요한 요소는 네트워크의 모든 참여자, 즉 '노드'들이 거래를 검증하고 승인하는 과정이다. 새로운 블록이 추가될 때마다 네트워크에 참여하는 모든 노드가 이를 검증하고 승인한다. 이 과정은 '합의 알고리즘'이라고 불리며, 대표적인 예로 비트코인에서 사용되는 작업증명(Proof of Work, PoW)이 그것이다. 이를 통해 데이터의 무결성과 신뢰성이 보장된다.

한마디로, 블록체인은 중앙 기관 없이도 모든 거래를 안전하게 기록하고 검증할 수 있는 기술이다. 블록체인의 투명성과 보안성 덕분에 더 많은 분야에서 이 기술을 활용하려는 움직임이 늘어나고 있다.

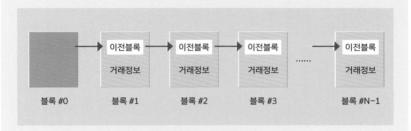

거래 정보를 담은 블록이 10분마다 끊임없이 생성되어 순서대로 연결된다.

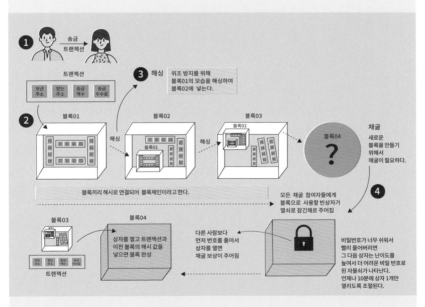

비트코인 거래와 채굴 보상이 이루어지는 과정 개념도

6장

비트코인 투자,
어떻게 할 것인가?

비트코인 투자는 장기적인 관점에서 접근해야 한다. 반드시 여유자금으로 투자하며, 최소 자금을 투입하여 단기적인 가격 변동에 일희일비하지 않는 것이 중요하다. 특히, 10년 이상 장기 투자를 염두에 두고 계획을 세우는 것이 좋다. 적립식 투자(Dollar-Cost Averaging, DCA)와 같은 전략을 활용하면 리스크를 줄이고 안정적인 수익을 기대할 수 있다. 적립식 투자는 일정한 금액을 정기적으로 투자함으로써 시장 변동에 대한 영향을 최소화하고, 장기적인 성장 혜택을 누릴 수 있는 방법이다. 이 장에서는 이러한 투자의 4원칙을 활용하여 성공적인 비트코인 투자를 위한 구체적인 가이드를 제공한다.

여유자금으로
한다

◆

비트코인 투자는 많은 사람들에게 큰 매력을 제공하지만, 그에 따른 리스크를 관리하는 것도 매우 중요하다. 특히 자신의 여유자금으로 투자하는 것은 필수적인 원칙이다. 비트코인은 가격 변동성이 매우 극적이어서, 잘못된 시점에 투자하면 단기간에 큰 손실을 입을 수 있다. 따라서 여유자금을 활용하여 장기적으로 투자하는 것이 현명한 선택이다.

첫 번째 이유: 극심한 변동성

비트코인의 가격 변동성은 다른 자산에 비해 매우 크다. 2021년 4월, 비트코인의 가격이 64,000달러를 넘기면서 사상 최고치를 기록했으나, 불과 석 달 후인 7월에는 29,000달러로 급락했다. 이는 단기간에 50% 이상의 손실을 의미한다. 보통사람은 견디기 힘들다. 이러한 변동성은 심적 물적으로 감당할 수 있는 범위 내에서 투자해야 한다는 점을 일깨워준다.

여유자금을 투자함으로써 가격 변동에 따른 스트레스를 최소화하고, 장기적 관점에서 투자를 유지할 수 있다.

비트코인 투자는 투자 손실을 감당할 수 있는 능력이 필수적이다. 투자한 모든 금액을 잃을 수 있다는 각오를 하고, 생활에 지장을 줄 수 있는 금액은 절대 투자해서는 안 된다. 2023년 코인베이스 조사에 의하면, 미국 투자자의 40%가 비트코인 투자 손실을 경험했다. 2024년 글로벌 투자자 조사에선 전 세계 투자자의 35%가 비트코인 투자 후 후회한 적이 있다고 했다.

두 번째 이유: 투자 손실의 심리적 영향

비트코인 투자로 인해 발생하는 손실은 단지 금전적인 문제가 아니라 심리적 압박도 수반한다. 예를 들어, 2022년 초 많은 투자자들이 50,000달러 대에 비트코인을 구매했으나, 연말에는 30,000달러 대로 하락했다. 이로 인해 많은 투자자들이 큰 손실을 입고 심리적으로 고통받았다. 여유자금으로 투자하면 이러한 심리적 압박을 줄일 수 있으며, 투자 손실을 견디는 데 도움이 된다.

세 번째 이유: 레버리지의 위험성

레버리지 투자는 돈을 빌려서 하는 차입투자를 말한다. 비트코인 투자에서 레버리지를 사용하는 것은 매우 위험하다. 파탄의 지름길이다. 절대로 레버리지를 사용하지 않는다는 원칙을 지켜야 한다. 2021년 비트코인 가격 급락 시 레버리지를 사용한 많은 투자자들이 강제 청산을 당했다.

여유자금을 투자함으로써 레버리지의 위험을 피해야 한다. 여유자금으로 투자하면 이러한 리스크를 최소화할 수 있다.

네 번째 이유: 생활비와 비상금의 확보

생활비와 비상금을 제외한 여유자금으로 투자해야 한다. 경제적 안정성을 유지하기 위해서다. 생활비와 비상금을 따로 확보하지 않고 비트코인에 투자하면, 비트코인 가격의 급격한 변동으로 인해 생활에 큰 지장을 받을 수 있다. 따라서 어떤 경우에도 경제적으로 안정되게 유지하려면 여유자금으로 투자하는 것이 중요하다. 예를 들어, 2020년 코로나 팬데믹이 시작되면서 많은 사람들이 경제적 어려움을 겪었다. 비트코인 가격도 초기에는 하락세를 보였다가 나중에 회복했지만, 비상금이 없었다면 이러한 급격한 변동성에 대응하기 어려웠을 것이다.

다섯 번째 이유: 규제 불확실성

비트코인은 아직 규제가 명확하게 정립되지 않은 자산이다. 가능성이 매우 희박하다고는 해도, 만약 정부 규제가 강화될 경우, 비트코인 가격은 큰 영향을 받을 수 있다. 이런 위험성까지 감안하고 투자해야 한다.

비트코인 투자는 큰 매력을 제공하지만, 그만큼 리스크도 크다. 따라서 자신의 여유자금으로 투자하는 것이 필수적이다. 극심한 변동성, 심리적 압박, 레버리지의 위험성, 생활비와 비상금 확보, 정부 규제 리스크 등의 이유로 여유자금을 활용한 투자가 중요하다. 이러한 원칙을 지킴으로써 비트코인 투자에서 더 안전하고 현명한 결정을 내릴 수 있다.

제2원칙

최소 자금으로
한다

◆

    비트코인 투자를 고려할 때 가장 중요한 원칙 중 하나는 '최소 자금'으로 하는 것이다. 비트코인은 큰 수익을 기대할 수 있는 매력적인 투자처지만, 그에 따른 위험 또한 간과할 수 없다. 비트코인은 가격 변동성이 매우 크기 때문에, 어느 날 갑자기 투자 금액이 0이 되더라도 삶에 심각한 타격을 받지 않을 정도의 금액으로 투자해야 한다. 그래야 시장의 흔들림에도 안정적으로 투자를 이어갈 수 있다. 비트코인은 지난 몇 년간 놀라운 성장을 보여주었지만, 그만큼 리스크도 함께 따라왔다.

    대략적인 가이드라인을 제시한다면, 순자산의 5% 이내로 투자하는 것이 바람직하다. 예를 들어, 부채를 제외한 순자산이 5억 원이라면 2,500만 원 이하로 투자하는 것이 적절하다. 물론 100억 원대 자산가라면 10% 이상도 큰 무리는 아니겠지만, 일반 투자자들은 신중한 접근이 필요하다.

비트코인은 변동성이 큰 자산이므로, 손실을 감당할 수 있는 범위 내에서 투자하는 것이 중요하다. 최근 사례로, 2022년 비트코인 가격이 5개월 만에 7,200만 원에서 1,800만원으로 급락한 시기를 들 수 있다. 이러한 큰 폭의 가격 변동은 투자자에게 극심한 스트레스와 경제적 손실을 초래할 수 있다.

비트코인 투자가 중요한 이유는 작은 금액으로도 큰 수익을 기대할 수 있기 때문이다. 비트코인의 지난 15년 역사는 놀라운 수익률의 연속이었다. 그 수익성은 이미 많은 사람들에게 경제적 자유를 안겨주었다. 분당에 사는 김상욱 씨도 그런 사람 중 하나였다. 2014년, 그는 처음으로 32BTC를 1,500만 원에 구매했다. 그 뒤 힘든 시간을 견디면서 일부 팔기도 했지만, 2024년 현재, 그가 보유한 비트코인의 가치는 약 25억 원에 달한다. 김 씨는 비트코인 투자로 큰 수익을 거두었고, 현재는 암호화폐 전문가로 활동하고 있다. 이처럼 비트코인은 높은 수익성을 기대할 수 있는 매력적인 투자처이다. 소액의 여유자금을 활용한 투자도 큰 수익을 기대할 수 있다.

비트코인은 글로벌 규제 환경에 매우 민감하다. 2021년 5월 중국 정부가 비트코인 채굴과 거래를 금지하면서 비트코인의 가격이 급락한 사례가 있다. 이처럼 특정 국가의 규제 정책이나 시장의 변화가 비트코인의 가격에 큰 영향을 미칠 수 있다. 이러한 예측 불가능한 리스크를 고려할 때, 최소 자금으로 투자해 리스크를 최소화하는 것이 중요하다. 이는 비트코인 시장의 변동성을 견디는 데 큰 도움이 된다. 외부 요인에 크게 반응하는 비트코인의 특성상, 규제 변화에 대비한 방어적 투자가 필요하다.

FOMO는 'Fear of Missing Out'의 약자로, '나만 기회를 놓쳐서 벼락거지가 되지 않을까' 두려워하는 심리를 말한다. 비트코인 가격이 급등할 때 투자하지 않았던 사람들은 큰 허탈감이나 소외감을 느낄 수 있다. 여기저기 남들 대박쳤다는 소문에 무척 배가 아플 수 있다. 버리는 셈 치고 소액이라도 투자해두자. 미래의 엄청난 상승을 대비하는 현명한 선택이 된다. 이는 나중에 비트코인의 가치가 크게 상승했을 때 느끼게 될 허탈감이나 소외감을 방지해준다. 심리적 안정감 측면에서 비용 대비 효과가 큰 방법인 것이다. 보험을 드는 심정으로 FOMO를 방지하기 위해서 소액이라도 비트코인에 묻어두는 것이 현명하다.

비트코인 투자는 높은 변동성과 규제 리스크를 동반하므로, 자신이 감당 가능한 금액으로 투자하는 것이 좋다. 이렇게 해야 심리적 안정감을 유지하고, 불확실성에 대비하며, 장기적으로 큰 수익도 기대할 수 있다. 미래의 기회를 놓치지 말자.

#12. 작업증명 vs. 지분증명

작업증명(Proof of Work, PoW)과 지분증명(Proof of Stake, PoS)은 블록체인 네트워크의 보안과 합의를 유지하는 두 가지 주요 메커니즘이다. 비트코인과 이더리움은 각각 이 두 가지 방법을 대표하는 예다.

작업증명(Proof of Work, PoW)

비트코인은 작업증명을 사용하여 네트워크의 보안을 유지한다. PoW에서는 채굴자들이 복잡한 수학 문제를 해결하여 블록을 생성하고, 이를 블록체인에 추가한다. 이 과정에는 많은 계산 자원이 필요하며, 채굴자들은 문제를 가장 먼저 해결한 대가로 비트코인을 보상받는다. PoW의 장점은 네트워크의 보안성이 매우 높다는 것이다. 공격자가 네트워크를 장악하려면 전체 연산력의 51% 이상을 확보해야 하므로, 이는 매우 어렵고 비용이 많이 든다. 그러나 PoW의 단점은 에너지 소모가 매우 크다는 것이다. 비트코인 채굴은 전 세계적으로 많은 전력을 소비하여 환경에 부담을 준다.

지분증명(Proof of Stake, PoS)

반면, 이더리움은 최근 PoW에서 PoS로 전환하였다. 지분증명에서는 채굴 대신 검증인들이 자신의 암호화폐를 네트워크에 예치하여 블록을 검증하고 생성하는 역할을 맡는다. 검증인이 될 확률은 그가 예치한 지분의 양에 비례한다. PoS의 장점은 에너지 효율이 높다는 것이다. PoW처럼 복잡한 계산을 필요로 하지 않기 때문에 에너지 소모가 적고 환경에 덜 부담을 준다. 또한, PoS는 네트워크 참여자들이 자신의 지분을 걸기 때문에 네트워크의 안

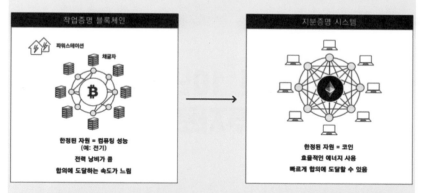

작업증명과 지분증명은 각각의 장단점이 있다.

정성과 보안성을 유지할 수 있다. 단점으로는, 네트워크의 초기 분배가 공정하지 않을 경우, 소수의 대규모 지분 보유자가 네트워크를 통제할 가능성이 있다는 점이다.

제3원칙

무조건, 10년 이상 장기 투자로 한다

◆

비트코인 투자는 무조건 10년 이상 장기 투자를 원칙으로 해야 한다. 단기적인 가격 변동에 일희일비하지 말고, 비트코인을 사서 묻어두고 잊어버리는 것이 가장 현명한 투자 방법이다. 잊어버린다고 개인 지갑 비밀번호까지 잊어버리면 큰일이다. 장기 투자의 중요성을 이해하려면 비트코인의 독특한 시장 특성과 역사적 데이터를 다시 한 번 상기해볼 필요가 있다.

제한된 공급량

비트코인은 태생부터 인플레에 대한 저항에서 비롯되어 공급량이 정해져 있다. 총 2,100만 개로 한정된 공급량은 희소성을 보장하며, 시간이 지남에 따라 가치를 상승시킨다. 더구나 시간이 지남에 따라 발행 속도가 점점 줄어드는 반감기라는 메커니즘을 통해 관리된다. 이러한 제한된 공급 시스템은 장기적으로 비트코인의 가치를 끌어올린다.

장기 성장 가능성

역사적으로 비트코인은 높은 수익률을 보였다. 2010년 비트코인의 가격이 1달러도 되지 않았지만, 2021년 11월에는 68,000달러를 넘어서며 사상 최고치를 기록했다. 10년 이상 장기 투자를 한 사람들은 막대한 수익을 얻었다. 멱법칙 성장과 플랜B의 S2F 모델의 결과를 이루어냈다. 실제로 초기 비트코인 투자자들은 투자금의 수백만 배 수익을 얻은 사례가 많다. 적어도 아직까지는 이들 성장 모델이 틀리지 않았다. 장기적 성장 가능성은 비트코인을 장기 투자로 고려해야 하는 가장 중요한 이유다.

극심한 단기 가격 변동성

비트코인은 단기적으로 극심한 가격 변동성을 보인다. 예를 들어, 2017년 12월 비트코인의 가격은 20,000달러를 돌파했지만, 2018년 초에는 10,000달러 이하로 급락했다. 또, 2021년 5월 중국 정부의 규제로 인해 비트코인의 가격은 30% 이상 급락한 바 있다. 이런 변동성은 단기 투자자들에게 큰 위험을 초래할 수 있다. 이런 변동성을 한두 번은 맞출 수 있다고 해도, 신이 아닌 이상 매번 예측하고 때맞춰 사고팔 수는 없는 노릇이다. 따라서 장기 투자 전략은 이러한 변동성에 대한 노출을 줄이고 안정적인 수익을 추구할 수 있는 방법이다.

네트워크 효과

비트코인의 가치는 네트워크 효과에 의해 크게 영향을 받는다. 네트워크 효과란, 사용자가 많아질수록 그 네트워크의 가치가 더욱 커지는 현상을 말한다. 비트코인 사용자가 많아질수록 비트코인의 유용성과 신뢰성

은 증가한다. 2013년 비트코인 사용자가 100만 명을 돌파하면서 비트코
인의 가격은 급등했다. 2025년까지 10억 명을 돌파할 거란 예측도 있다.
이는 비트코인의 장기적 기하급수적 성장 가능성을 보여주는 중요한 지
표다.

끊임없이 발전하는 기술

비트코인의 기반이 되는 블록체인 기술은 끊임없이 발전하고 있다. 비
트코인의 레이어2 솔루션인 라이트닝 네트워크는 거래 속도를 높이고 수
수료를 낮추는 혁신적인 기술이다. 이러한 기술 발전은 비트코인의 장기
적 가치를 더욱 강화한다. 라이트닝 네트워크의 도입으로 인해 비트코인
의 처리 속도와 확장성이 크게 개선되었다. 이는 비트코인의 실사용 가능
성을 높이고 장기적 수요를 촉진한다.

심리적 안정과 투자 규율 유지

단기 투자는 가격 변동에 대한 스트레스와 불안감을 유발할 수 있다.
반면, 장기 투자는 가격 변동에 대한 영향을 줄이고 심리적 안정을 유지
하는 데 도움이 된다. 장기 투자는 감정적인 판단에 따라 투자 결정을 내
릴 가능성을 줄이고, 일관된 투자 규율을 유지하는 데 도움이 된다. 예를
들어, 단기 투자를 추구하는 투자자는 시장 변동성에 쉽게 휘둘릴 수 있
지만, 장기 투자자는 이러한 변동성을 견디고 더 나은 수익을 얻을 가능
성이 높다.

장기 투자를 하려면 비트코인의 구조와 메커니즘에 대해 충분히 이해

하고, 특히 장기 성장에 대한 믿음이 있어야 가능하다. 이 책에서 제시하는 이론들을 반복적으로 숙지하도록 하자. 그러고 나서야 10년 이상 장기 투자를 결심할 수 있을 것이다. 알면 보이고 보이면 사랑하게 된다.

섀넌의 균형복원 포트폴리오

장기 투자가 도저히 적성에 안 맞는 투자자들에겐 대안이 있다. '섀넌의 균형복원 포트폴리오' 전략을 활용하는 것이다. 클로드 섀넌(Claude Shannon)은 정보 이론의 창시자로 잘 알려져 있지만, 투자 전략에서도 중요한 아이디어를 제시했다. 그의 전략은 자산 배분의 효율성 극대화에 도움이 된다. 이 전략은 단순하지만 강력한 효과로 '섀넌의 도깨비'라고도 불린다.

이 전략은 주기적으로 포트폴리오의 비율을 조정하여 원래의 목표 비율을 유지하는 것이다. 예를 들어, 1,000만원 투자를 할 때, 50%는 비트코인, 50%는 현금을 유지하는 포트폴리오를 생각해보자. 시간이 지나서 비트코인의 가치가 상승하고 현금의 비율이 줄어들면, 포트폴리오는 불균형 상태가 된다. 이때 섀넌의 전략에 따라 비트코인을 일부 매도하고 현금으로 전환하여 다시 50:50의 균형을 맞춘다. 또 비트코인의 가격이 하락하여 현금 비중이 더 커지면 일부 비트코인을 매수하여 다시 균형을 맞춘다.

이 과정은 1주, 혹은 한 달 주기로 정기적으로 반복되며, 결과적으로 자산을 저가 매수하고 고가에 매도하는 효과를 가져온다. 이를 통해 장기

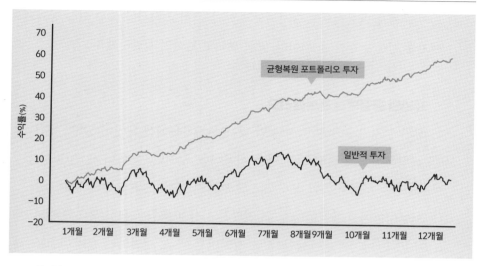

정기적으로 50:50의 투자 비율 조정을 통해 일반 투자보다 높은 수익률을 올릴 수 있다.

적으로 높은 수익률과 리스크 관리의 두 마리 토끼를 잡을 수 있다. 단, 너무 잦은 거래는 거래 수수료 부담이 커질 수 있다는 맹점이 있고, 비트코인 10배, 100배 수익률은 포기해야 한다.

한푼 두푼
적립식으로 한다

◆

비트코인 투자는 소액의 적립식 투자 전략으로 접근하는 것이 현명하다. 극심한 가격 변동성을 완화하고, 감정적 투자를 방지하며, 장기적인 성장 가능성을 누릴 수 있다. 무엇보다 목돈 없이도 당장 투자를 시작할 수 있다. 이러한 이유로 높은 변동성에도 불구하고 적립식 투자는 장기적인 관점에서 안정적인 투자 방법이 될 수 있다. 적립식 투자는 흔히 DCA 투자라고도 하는데, 일정한 금액을 정기적으로 투자하여 시장의 변동성을 줄이고 장기적인 수익을 극대화하는 방법이다. 특히 비트코인과 같이 변동성이 큰 자산에 적합하다.

적립식 투자는 비트코인에 대한 진입 장벽을 낮춘다. 비트코인의 가격이 높아지면 많은 사람들이 초기 투자 금액을 부담스러워할 수 있다. 그러나 적립식 투자로 소액을 정기적으로 투자함으로써 큰 금액을 한 번에 투자하지 않아도 된다. 활용할 만한 목돈이 없어도 월급 받는 직장인이라면 바로 투자를 시작할 수 있다. 월급의 일정 비율을 꾸준히 DCA에 활용할 수 있다. 매주, 혹은 매월 날짜를 정해 일정 금액을 정기적으로 투자하는 것이다.

예를 들어, 매달 10만원을 비트코인에 투자하면, 가격이 낮을 때는 더 많은 수량의 비트코인을 사게 되고, 가격이 높을 때는 적은 양의 비트코인을 사게 된다. 이렇게 하면 평균 매입 단가를 낮춰, 장기적으로 더 큰 수익을 낼 수 있다.

적립식 투자의 장점은 구매 시점을 고민할 필요가 없다는 것이다. 많은 투자자들은 최적의 매입 시점을 찾기 위해 시장을 분석하지만, 이는 매우 어려운 일이다. 적립식 투자는 이를 피하고, 적금을 쌓듯이 그냥 꾸준히 투자하면 된다. 비트코인의 역사적 데이터를 보면, 장기 투자자들에게 적립식 투자가 얼마나 효과적인지 알 수 있다. 비트코인은 2009년에 처음 출시된 이후로 엄청난 가격 변동을 경험했다. 초기에는 거의 무가치한 상태에서 시작했지만, 2024년 3월에는 1억 원에 도달했다.

비트코인 시장은 뉴스와 소문에 민감하게 반응한다. 2020년 3월, 코로나 팬데믹으로 인해 비트코인 가격은 500만 원까지 하락했다. 그러나 1년 뒤에는 8,000만원을 넘어서며 사상 최고치를 기록했다. 이러한 급격한 변동성은 공황 매도 또는 과도 매수를 하게 만들 수 있다. 많은 투자자들은 가격이 급등하거나 급락할 때 감정에 휘둘려 잘못된 결정을 내린다. 그러나 적립식 투자는 심리적으로 안정감을 준다. 일정 금액을 정기적으로 투자하는 방식이므로, 시장의 단기적 변동에 일희일비하지 않고 장기적 관점을 유지할 수 있다.

적립식 투자는 금융 전문가들이 추천하는 투자 전략 중 하나다. JP모건의 조사에 따르면, 적립식 투자는 변동성이 큰 시장에서 위험을 줄이고 안정적인 수익을 가져다줄 수 있는 방법이다. 많은 금융 전문가들이 비트코인 같은 변동성 높은 자산에 적립식 투자를 권장하고 있다.

적립식 투자의 효과를 증명하는 사례도 있다. 인터넷에는 본인의 적립식 투자를 일기처럼 공개하는 사람도 여럿 있다. 2017년부터 2020년까지 매주 5만 원씩 200회 투자한 사람은 총 1,000만원을 투자한 것이지만, 2021년 4월 기준으로 약 3,000만 원어치의 비트코인을 보유하게 되었다. 이는 적립식 투자가 어떻게 장기적으로 높은 수익을 가져다줄 수 있는지 잘 보여준다.

적립식 투자를 시작하려면 먼저 투자 금액과 주기를 설정해야 한다. 예를 들어, 매주 5만 원이나 매달 20만 원을 투자할 수 있다. 그런 다음, 신뢰할 수 있는 거래소를 통해 자동 매수 기능을 설정하여 정기적으로 비트코인을 매수한다. 이렇게 하면 시장의 변동성에 상관없이 꾸준히 비트코인을 축적할 수 있다.

비트코인 투자에서 적립식 투자는 변동성을 줄이고 장기적인 수익을 극대화하는 전략이다. 단기적인 가격 변동에 일희일비하지 않고, 꾸준히 투자하는 것이다. 이러한 전략을 통해 비트코인 시장에서 안정적이고 높은 수익을 기대할 수 있다. 적립식 투자는 '0이 돼도 다치지 않을 정도의 최소 자금으로 한다'는 중요한 투자 원칙을 실현할 수 있는 좋은 방법이다. 10년 이상 장기 투자를 목표로, 묻어두고 잊어버리는 마음가짐으로 비트코인에 투자한다면, 미래의 자신에게 큰 보상을 안겨줄 수 있다.

여기, 블로그에 공개 중인 '타락천사'님의 적립식 투자 사례를 소개한다.

> 2021년 7월 18일 첫 투자 이후, 매주 10만 원씩 150주. 2024년 5월 26일 150주차 비트코인 적립식 투자를 완료했습니다. 벌써 5월의 끝자락이네요.
>
> 비트코인도 어느새 9,600만 원대로 올라왔습니다. 오늘 10만원으로 0.00104159개를 매수했습니다. 현재 96,007,000원의 가격을 보이고 있네요. 처음으로 1억을 찍었을 때와는 분위기가 많이 다른 거 같습니다. 그것은 바로 김치프리미엄이라고 불리는 해외 거래소와의 가격 차이에서 알 수 있습니다. 현재는 글로벌 시장 대비 우리나라 비트코인 가격이 1.65% 정도 높습니다. 1억을 찍을 당시에는 10% 넘게 프리미엄이 붙었던 것에 비해 한국인들이 지금은 FOMO를 상대적으로 덜 느끼는 게 아닐까 싶네요.

현재 누적 수익률은 136.1%를 기록하고 있으며, 모은 수량은 0.36 개를 넘어서고 있습니다. 처음 적립식 투자를 시작할 때 0.1개나 제대로 모을 수 있을까 의심을 했었지만, 시간이 결국 0.3개를 넘게 만들어 주었습니다. 앞으로 큰 욕심 없이 0.1개씩 추가해 갔으면 좋겠네요.

평가금액은 비트코인이 조정을 받는 동안 하락하는 모습을 보였다가 현재는 반등을 한 모습입니다. 언제든 오를 수도, 내릴 수도 있습니다. 그래서 평가금액도 참고용으로 볼 뿐, 중요한 지표는 아니라고 생각되네요.

저의 매수 평단가는 4,000만 원이 조금 넘습니다. 평단가만 보면 현재 비트코인을 반값에 샀다고 할 수 있기 때문에 부럽다고 하시는 분들도 많습니다. 하지만 그 과정은 순탄치 않았음을 위의 일자별 수익률을 보면 알 수 있습니다. 1년 넘게 반토막을 경험하고, 퀀텀 점프가 된 이후 마음의 평화(Inner Peace)가 찾아오는 게 아닐까요? 시련은 반드시 옵니다. 그걸 이겨내야 한 단계 도약하는 것이죠.**"**

비트코인(BTC) 매주(일요일) 적금

일자	금액	수량	개당가격	누적금액	누적수량	평가금액	수익률
2021-07-18	99,939	0.00265512	37,640,000	99,939	0.002655	-	-
2021-07-25	100,000	0.00250475	39,934,000	199,939	0.005160	206,054	3.1
2021-08-01	100,000	0.00206932	48,325,000	299,939	0.007229	349,351	16.5
2021-08-08	100,000	0.00199612	50,237,000	399,939	0.009225	463,452	15.9
2021-08-15	100,000	0.00184212	54,285,000	499,939	0.011067	600,795	20.2
2021-08-22	100,000	0.00172508	57,968,000	599,939	0.012793	741,556	23.6
2021-08-29	100,000	0.00174593	57,277,000	699,939	0.014538	832,718	19.0
2021-09-05	100,000	0.00172908	57,834,000	799,939	0.016268	940,816	17.6
2021-09-12	100,000	0.00181649	55,051,000	899,939	0.018084	995,543	10.6
2021-09-19	100,000	0.0017077	58,558,000	999,939	0.019792	1,158,963	15.9
2021-09-26	100,000	0.00190927	52,370,000	1,099,939	0.021701	1,136,480	3.3
2021-10-03	100,000	0.00171306	58,375,000	1,199,939	0.023414	1,366,795	13.9
2021-10-10	99,997	0.001500	66,680,000	1,299,936	0.024914	1,661,245	27.8
2021-10-17	100,000	0.001336	74,859,000	1,399,936	0.026250	1,965,014	40.4
2021-10-24	99,924	0.001332	75,043,000	1,499,860	0.027581	2,069,767	38.0
2021-10-31	99,902	0.001362	73,325,000	1,599,762	0.028944	2,122,284	32.7
2021-11-07	100,000	0.001340	74,636,000	1,699,762	0.030283	2,260,229	33.0
2021-11-14	100,000	0.001286	77,737,000	1,799,762	0.031570	2,454,137	36.4
2021-11-21	100,000	0.001356	73,745,000	1,899,762	0.032926	2,428,110	27.8
2024-02-25	100,000	0.001404	71,250,000	13,700,000	0.355066	25,299,000	84.7
2024-03-03	100,000	0.001153	86,707,000	13,800,000	0.356220	30,887,000	123.8
2024-03-10	100,000	0.001044	95,810,000	13,900,000	0.357263	34,230,000	146.3
2024-03-17	100,000	0.001015	98,365,000	14,000,000	0.358279	35,243,000	151.7
2024-03-24	100,000	0.001062	94,163,000	14,100,000	0.359341	33,837,000	140.0
2024-03-31	100,000	0.000999	100,077,000	14,200,000	0.360340	36,062,000	154.0
2024-04-07	100,000	0.001013	98,696,000	14,300,000	0.361353	35,665,000	149.4
2024-04-14	100,000	0.001004	99,634,000	14,400,000	0.362357	36,104,000	150.7
2024-04-21	100,000	0.001066	93,830,000	14,500,000	0.363423	34,100,000	135.2
2024-04-28	100,000	0.001095	91,328,000	14,600,000	0.364517	33,291,000	128.0
2024-05-05	100,000	0.001105	90,478,000	14,700,000	0.365623	33,081,000	125.0
2024-05-12	100,000	0.001164	85,899,000	14,800,000	0.366787	31,507,000	112.9
2024-05-19	100,000	0.001076	92,912,000	14,900,000	0.367863	34,179,000	129.4
2024-05-26	100,000	0.001042	96,007,000	15,000,000	0.368905	35,418,000	136.1

주별 매수 단가와 누적 수량, 평가이익을 한눈에 확인할 수 있다.

비트코인 적립식 투자

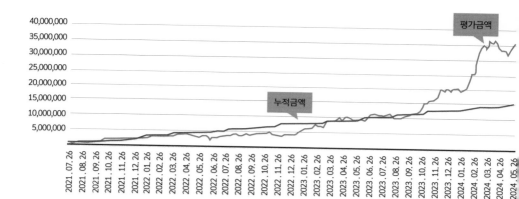

2022년 4월부터 2023년 3월까지 투자금액 대비 반 토막 수준. 시련의 시기를 겪었다.

지금까지 모은 비트코인 수량과 수익률

1	누적 투자금액	15,000,000
2	수익률	136.1
3	평가금액	35,418,000
4	비트코인 누적수량	0.369
5	평균 매수 단가	40,660,000

거래소 선택하기,
비트코인 매수하기

1. 거래소 선택하기

　한국에는 금융위원회의 허가를 받은 암호화폐 거래소가 14곳 운영되고 있다. 각 거래소마다 특징과 장단점이 다르므로, 투자 전에 자신에게 맞는 거래소를 선택하는 것이 중요하다. 인기 있는 거래소 5곳을 간단히 소개하고, 1위 '업비트'를 중심으로 거래 방법을 설명한다.

① 업비트

가장 인기 있는 한국 암호화폐 거래소

거래량이 가장 많고, 다양한 코인을 지원

초보자도 쉽게 사용할 수 있는 인터페이스

보안성이 높은 것으로 평가

② 빗썸

업비트 다음으로 인기 있는 한국 암호화폐 거래소

높은 유동성과 다양한 코인 지원

P2P 거래 기능 제공

초보자를 위한 교육 자료 제공

③ 코인원

오랜 역사를 가진 안정적인 한국 암호화폐 거래소

비교적 낮은 수수료

간편한 계좌 개설 및 입출금

보안에 신경 쓰는 투자자들에게 인기

④ 코빗

국내 최초의 암호화폐 거래소

간편한 계좌 개설 및 입출금

높은 유동성과 다양한 코인 지원

디지털 자산 관리 서비스 제공

⑤ 고팍스

비교적 낮은 수수료와 높은 유동성

다양한 코인 지원

간편한 계좌 개설 및 입출금

모바일 앱 제공

2. 계좌 생성 및 은행 계좌 연결

- **준비물**: 본인 명의 휴대폰, 신분증(주민등록증, 운전면허증, 여권), 인증서(네이버, 카카오), 휴대폰으로 입금확인이 가능한 다른 통장 계좌번호(인증서 발급에 필요함)

- **진행순서**

① 케이뱅크 앱 다운 > 계좌 개설 > 투자금 입금 (소액이라도)

② 업비트 앱 다운 > 회원 가입

③ 업비트와 케이뱅크 계좌 연결

* 위 준비물을 미리 챙겨야 함. 기본적으로 5분이면 끝나는 과정이지만, 순서가 뒤바뀌면 헷갈리고 뒤죽박죽되어 많은 시간이 걸릴 수도 있고, 아예 포기하는 경우도 생김.

3. 업비트에서 비트코인 구매하기

- **입금하기**: 업비트 '입출금' 메뉴에서 '입금하기'를 통해 케이뱅크 계좌의 투자금을 업비트로 옮겨온다.
- **비트코인 구매**: 업비트 홈 하단 '거래소' 메뉴로 이동하여 '비트코인'을 누르면 주문창이 뜨고, 주문수량에서 '최대'를 선택하면 입금된 투자금 전액으로 최대치의 비트코인을 살 수 있다. 시장가로 즉시 구매하거나 지정가 주문을 통해 원하는 가격에 구매할 수 있다.

  ※ 만약, 10,000원어치 비트코인을 사려면 거래 수수료 0.05% 포함하여 10,005원이 필요하다.

- **거래 확인**: '투자내역' 메뉴에서 내 보유자산을 확인할 수 있다. 구매한 비트코인은 업비트에 보관된다.

  ※ 구매한 비트코인은 거래소 장부에 내 명의로 기록된 것일 뿐, 아직 내 지갑에 옮겨진 것은 아니다. 블록체인에 기록되는 것도 아니다. 거래소에 그냥 두면 언제든 사고팔기 편리하고, 장기 보유하려면 개인 지갑으로 옮겨 보관하는 것을 권한다.

#13. 지갑의 종류와 사용법

비트코인을 보관하는 지갑은 '은행 계좌' 같은 것이다. 지갑 주소(공개키, Public Key)와 비밀번호(개인키, Private Key)로 구성되어 있다. 공개키는 은행 계좌번호처럼 다른 사람들이 비트코인을 송금할 수 있도록 공개해도 되지만, 개인키는 오직 지갑 소유자 본인만 알고 있어야 한다. (개인키: 은행 계좌 비밀번호와는 다르다. 개인이 임의로 만드는 것이 아니라 지갑 생성 시 주소와 함께 생성되는 고유한 암호 키이다.)

지갑은 크게 핫 월렛과 콜드 월렛으로 구분한다. 인터넷에 연결되어 있으면 핫 월렛, 인터넷 연결이 없으면 콜드 월렛이다. 오프라인에서 비트코인을 저장하는 하드웨어 지갑이나 종이 지갑이 콜드 월렛이다. 핫 월렛은 온라인으로 수시로 입출금이 가능해 일상적인 거래에 편리하고, 콜드 월렛은 해킹의 위험 없이 안전하게 보관할 수 있다는 장점이 있다. 지갑을 사용하려면 지갑 앱을 설치하고, 비트코인 주소를 생성한 후, 그 주소를 통해 비트코인을 송금하거나 수취하면 된다.

지갑의 사용 방법은 지갑마다 차이가 있지만, 공통적으로 시드 문구(Seed Phrase, 복구 문구)를 안전하게 보관하는 것이 가장 중요하다. 시드 문구는 12개, 혹은 24개의 영어 단어의 조합이다. 지갑을 생성할 때 제공되는 시드 문구는 지갑을 복구할 때 꼭 필요하다. 다시 강조하건대, 다른 것 다 잃어버려도 '시드 문구'만은 꼭 종이에 써서(혹은 쇠나 돌에 새겨서) 자신만이 아는 곳에 보관하여야 한다. 이것만 챙기면 잃어버린 지갑도 복구할 수 있고, 입출금에 사용하는 비밀번호도 복구 가능하다.

① 하드웨어 지갑

Ledger Nano S, Ledger Nano X, Trezor Model T, KeepKey

② 소프트웨어 지갑

Exodus, Electrum, Bitcoin Core

③ 휴대폰 지갑

Mycelium, Trust Wallet, Coinomi

④ PC 지갑

Blockchain.info, Coinbase Wallet, MetaMask

⑤ 종이 지갑

BitAddress, BitcoinPaperWallet

<지갑 사용법>

여기서는 모바일 지갑과 웹 지갑 사용법만 간략히 다뤄본다.

① 지갑 앱 설치

- 휴대폰 지갑: 스마트폰 앱 스토어에서 '비트코인 지갑'을 검색하고, Trust Wallet, Mycelium, Blockchain Wallet 중에서 하나를 선택해 설치한다.
- 소프트웨어 지갑: 공식 웹사이트에서 소프트웨어 지갑(예: Electrum, Exodus)을 다운로드하고, 컴퓨터에 설치한다.

② 지갑 설정

- 앱을 실행하고, '새 지갑 만들기(Create New Wallet)'를 선택.
- 강력한 비밀번호를 설정한다. 비밀번호는 잊지 않도록 안전한 곳에 기록해 둔다.

③ 비트코인 주소 생성

- 지갑 앱이 자동으로 비트코인 주소를 생성해준다. 이 주소는 비트코인을 받을 때 사용하는 고유한 식별자이다.(공개키)
- 주소는 1YoURbEATcoiN99MYWaLLetiDaDdRess72와 같이 26~35자리의 영문 대소문자와 숫자의 조합이며 1 또는 3으로 시작한다. 단, 아라비아 숫자와 헷갈릴 수 있는 문자인 0, I, O, l(숫자 영, 대문자 아이, 대문자 오, 소문자 엘)은 쓰지 않는다.
- 비트코인 송금에 필요한 개인키(private key)는 비밀번호이다. 절대 노출시키거나 잃어버리면 안 된다. 영문 대소문자와 숫자 51자로 구성된다.
- '받기(Receive)' 버튼을 눌러 생성된 비트코인 주소를 확인한다. 이 주소는 QR 코드와 함께 표시될 수도 있다.

④ 비트코인 받기

- 다른 사람에게 비트코인을 받을 때, 생성된 비트코인 주소를 알려주거나 QR 코드를 보여주면 된다.
- 보내는 사람이 이 주소로 비트코인을 송금하면, 네트워크 확인 후 지갑에 비트코인이 도착한다. 송금은 몇 분에서 한 시간 정도 소요될 수 있다.

⑤ 비트코인 보내기

- 지갑 앱에서 '보내기(Send)' 버튼을 누른다.
- 비트코인을 보낼 주소(수취인의 비트코인 주소)를 입력하거나 QR 코드를 스캔한다. 주소가 길어서 입력 시 헷갈릴 수 있으므로 주로 복사붙이기를 하거나 QR코드를 사용한다.
- 송금할 비트코인 양을 입력한다. (수수료를 포함한 총 송금액을 확인한다)
- '보내기(Send)' 버튼을 눌러 송금을 완료한다. 네트워크 확인을 거친 후 거

래가 완료된다. 이 과정에서 지갑 앱이 자동으로 개인키를 사용해 트랜잭션에 서명하므로 사용자는 개인키를 직접 입력할 필요 없음.

⑥ 백업 및 보안 설정

- 지갑을 설정한 후에는 반드시 백업을 해두어야 한다. 일반적으로 복구 문구(Seed Phrase)로 12~24개의 단어를 제공받는다. 이 문구는 지갑을 복구할 때 필요하므로 안전한 곳에 잘 기록해둔다. 절대 잃어버리면 안된다.
- 2단계 인증(2FA) 설정을 통해 추가적인 보안을 확보한다.

⑦ 업비트에서 개인 지갑으로 옮기기

- 업비트에서 비트코인을 개인 지갑으로 바로 옮기는 기능은 아직은 지원되지 않는다. 대신 '바이낸스'라는 해외 거래소로 먼저 비트코인을 전송한 뒤 거기에서 개인 지갑으로 옮겨야 한다. 꽤 복잡한 절차와 번거로움이 따른다. (포털 검색 활용)
- 업비트에서 바이낸스로 비트코인 전송 시 0.009 BTC의 출금 수수료가 발생한다.
- 부담스러운 수수료와 이동 절차의 번거로움 때문에 소액의 경우 거래소에 비트코인을 그대로 두는 경우가 대부분이다.
- 0.5 BTC 이상의 보유자라면 수고스럽고 비용을 감수하고라도 바이낸스를 통해 개인 지갑으로 옮겨 보관하는 것이 추천된다.

하드웨어 지갑 '레저 나노'.

하드웨어 지갑 '트레저 모델 T'

비트코인 종이 지갑. 해킹으로부터 안전하지만 훼손이나 분실 우려가 있다.

**100만 원으로 당장
비트코인을 사야 하는
25가지 이유**

초판 1쇄 인쇄 | 2024년 6월 24일
초판 1쇄 발행 | 2024년 7월 10일

지은이 | 고피디
펴낸이 | 정성진

펴낸곳 | (주)눈코입(레드스톤)
주소 | 경기 고양시 일산동구 호수로 672, 대우메종 611호
전화 | 031-913-0650
팩스 | 02-6455-0285
이메일 | redstonekorea@gmail.com

ISBN 979-11-90872-55-3 (03190)